生涯学習支援の基礎

小池　茂子
本庄　陽子
大木　真徳

［編著］

学文社

［執筆者］

小池　茂子	聖学院大学	［第 1 章］
本庄　陽子	青山学院大学	［第 2 章］
野村　　和	武蔵野短期大学	［第 3 章］
稲葉　　隆	(一社)全国社会教育委員連合	［第 4 章］
大木　真徳	青山学院大学	［第 5 章］
大木　由以	青山学院大学	［第 6 章］
阪本　陽子	文教大学（非）	［第 7 章］
市原　光匡	ノースアジア大学	［第 8 章］
内山　淳子	佛教大学	［第 9 章］
大島　まな	九州女子大学	［第 10 章］
津田　英二	神戸大学	［第 11 章］
鈴木　眞理	青山学院大学	［第 12 章］

（執筆順）

まえがき

　本書は，学文社から刊行されてきた碓井正久・倉内史郎編著『新社会教育』(1986年)，倉内史郎編著『社会教育計画』(1991年)，倉内史郎・鈴木眞理編著『生涯学習の基礎』(1998年)，鈴木眞理・清國祐二編著『社会教育計画の基礎』(2004年)，鈴木眞理・山本珠美・熊谷愼之輔編著『社会教育計画の基礎［新版］』(2012年)の系譜に連なるものである。

　またこのなかで，人々の生涯のあらゆる機会と場所において行われる各種の学習について，人々の学習意欲やそれらの学習活動を教育的に高めるための支援の理論について，技術や技法に偏ることを避けながら，体系的に整理・解説することを試みることを趣旨とした。

　1965年にユネスコで提起され，わが国に紹介された生涯教育の理念も55年余の時を経た。この間，生涯教育という用語が使用されることは少なくなり，生涯学習という用語が使用されることが多くなったが，この教育に関する理念は，今日のわが国の教育政策の基本理念となったのである。

　しかし，わが国の教育政策のなかに「生涯学習」の理念が導入される過程で，生涯教育なのか生涯学習なのかという議論や，行政による社会教育振興の任務は終焉を迎えたという問題提起がなされ，また，生涯学習と社会教育の概念の混同も散見され，生涯学習支援を所掌する行政部局が教育委員会から首長部局に移管されるという動きも存在する。さらに，生涯学習支援について，行政あるいは支援を行う側が個人の求めに応じた学習に関する支援を提供すればことが済むのかという新たな課題が生じている。

　これらをふまえ，本書では前半と最終章で生涯学習支援ということを考えるうえで前提となる事項についての解説や検討を中心に論述した。また，後半では人間の生涯発達の視点からみた人間の発達上の特徴や人間の実存的な特性について記述し，それらの特性をふまえた学習支援・教育的配慮の内容について論じている。

本書は，全体として平易な表現を心がけつつ内容的には本質に迫るものをめ
ざした。大学における「生涯学習支援論」の講義だけでなく，生涯学習支援に
従事されている関係者の方々にも手に取っていただければ幸いである。

　2022 年 1 月

小池 茂子

本庄 陽子

大木 真徳

目　次

第1章　社会教育と生涯学習支援

1　ユネスコ「生涯教育」の概念の移入と社会教育政策

(1)　社会教育の概念

「教育」の意味を辞書で調べると「教え育てること。知識，技術などを教え授けること。人を導いて善良な人間とすること。人間に内在する素質，能力を発展させ，これを助長する作用。人間を望ましい姿に変化させ，価値を実現させる活動。[1]」という説明があるとおり，社会一般では，教育とは人間に対して意図的に働きかけて人間を形成する作用であると，考えられている。また，教育はそれが行われる場の違いに注目して，教育には学校教育，社会教育，家庭教育という三領域があると区分されてきた。学校（その教育課程）で行われるのが学校教育，家庭で行われるのが家庭教育，それ以外の社会のなかで行われるのが社会教育と捉える考えは一般的な考え方である。

さらに，三領域のなかでも家庭生活のなかに存在する教育機能や社会のなかに存在する教育は，その担い手によって教育のあり方はさまざまであり，常に意図的に組織化され系統化された教育が意識されているわけではなく，教育のあり方も多様であるという意味で広義の教育と呼ばれる。他方，学校教育はさまざまな条件が標準的・定型的であり制度的に均一化されているフォーマルな教育という意味で狭義の教育と呼ばれている。

広義の教育に分類される社会教育について考えてみると，社会がそこに生活する人間に対して意図的あるいは無意図的な影響を及ぼし，それによって人間が多様に変化し発達するということはあるわけで，この意味で社会はその社会を構成している人間に教育的影響を及ぼす存在であるといえる。しかし，教育

基本法や社会教育法に規定されている社会教育は，社会のなかに存在する人間に対して漠たる教育的感化や「可愛い子には旅をさせよ」の諺にあるような，人が社会のなかでさまざまな苦労や経験を積むことを通して成長するといった人間の陶冶をさすのではない。

　教育基本法や社会教育法で規定されている社会教育は，あくまでも社会のなかで行われている組織的な教育活動，意図的な営みであって，偶発的な学習や独学などの教育する主体を欠いた概念とは異なるものであるということを確認する必要がある。

　また，社会教育は「教育」であるわけで，行政が行う社会教育はそれを行う側（者）が掲げる「望ましい価値」（たとえば，教育基本法や教育振興基本計画に掲げる教育目的，教育目標）に向かって，教わる（学ぶ）者に意図をもって働きかけていくという営為なのである。よって，教育という営みは学ぶ者（学習者）がある経験を経ることで変化し，その変化が経験後も維持されていくという学習の概念とは意を異にするということも知っておく必要があろう。

　わが国の社会教育の歴史を振り返れば，明治以降近代的な国家が整備されていくなかで，教育行政・社会教育行政も次第に整備され，大正年間にはそれまでの通俗教育が社会教育に改称され教育行政のなかに社会教育という用語が登場した。また，明治以降のわが国でも民間によって担われた社会教育には一部みるべきものがあったがそれが社会教育の主流となることはなかった。第二次世界大戦前から戦中において一般民衆を対象に行われた社会教育の中核をなした内容は，国民の「思想善導」をスローガンとし国家によって主導された忠君愛国を正統思想とした教化教育であった。教育には，それを行う側（者）のもつ「望ましい価値」が伴っていることを前述したが，わが国の歴史には社会教育が国益のために利用された時期も存在したのである[2]。

　第二次世界大戦終戦後，GHQ（General Headquarters：連合国軍最高司令部）におかれた CIE（Civil Information and Education Section：民間情報教育局）の指導の下，戦前の国家による教化的な社会教育のあり方を改め，民主主義の思想の普及と国民の自主的・自発的な学習活動を支援することを基本に，社会教育の整

備が図られていった。

　1947(昭和22)年3月，戦後の教育政策の根拠となる教育基本法(旧教育基本法)が制定され，同法七条（社会教育）のなかで「家庭教育及び勤労の場所その他社会で行われる教育は，国及び地方公共団体によって奨励されなければならない」「2　国及び地方公共団体は，図書館，博物館，公民館等の施設の設置，学校の施設利用その他適当な方法によって教育の目的の実現に努めなければならない」と規定され，これによって当時の教育基本法第2条（教育の方針）にある「教育の目的は，あらゆる機会に，あらゆる場所において実現されなければならない」という理念が具体的に明示された。また，同教育基本法の下に，1949(昭和24)年6月社会教育法が成立，続いて1950（昭和25）年図書館法，1951（昭和26）年に博物館法が制定され，戦後の社会教育の公的教育としての法源が整い実質的な社会教育行政が始動をみたのである。

社会教育法（昭和24年6月10日法律第207号）
（この法律の目的）
第1条　この法律は，教育基本法（昭和22年法律第25号）の精神に則り，社会
　　教育に関する国及び地方公共団体の任務を明らかにすることを目的とする。
（社会教育の定義）
第2条　この法律で「社会教育」とは，学校教育法（昭和22年法律第26号）に
　　基き，学校の教育課程として行われる教育活動を除き，主として青少年及び
　　成人に対して行われる組織的な教育活動（体育及びレクリエーションの活動を
　　含む。）をいう。
（国及び地方公共団体の任務）
第3条　国及び地方公共団体は，この法律及び他の法令の定めるところにより，
　　社会教育の奨励に必要な施設の設置及び運営，集会の開催，資料の作製，頒
　　布その他の方法により，すべての国民があらゆる機会，あらゆる場所を利用
　　して，自ら実際生活に即する文化的教養を高め得るような環境を醸成するよ
　　うに努めなければならない。

　上記のように社会教育法は，社会教育に関する国と地方公共団体の任務を規定しているものであり，同法の社会教育の定義では，学校の教育課程として行われる教育活動を除いた組織化された教育活動を社会教育としているが，社会

教育の組織化は学校教育の場合のように高度に組織化された教育活動をさすものではない。学校では教育課程の全体構造，時間配当，教科の目標・教育すべき内容等は学校教育法施行規則や学習指導要領などで定められているが，社会教育ではそこに社会教育行政が関与するものであっても組織化の内容は法律で規定されていない。社会教育法第3条の記述から理解されるように，社会教育行政は国民が自ら行う学習が効果的になるように，「環境を醸成する」よう努めるものなのである。戦後わが国においては，教育の民主化政策の下で社会教育行政が本格的に始動し，今日，行政による社会教育のほかにも民間やNPOなどによる多様な社会教育が存在するが，行政による社会教育が社会教育の主たる担い手として存在している。

　しかし，「生涯学習」という用語が市民権を得るなかで，社会教育は国民の自発的な学習を援助するものという理解の下に生涯学習振興と社会教育行政は同じものと考える誤った理解をしているものが少なからず存在する。この誤解を解くためにも，ユネスコによる「生涯教育」の理念の導入後，それが社会教育や社会教育行政とどのようなかかわりをもって今日に至ったのかをつぎに論じることとする。

(2) ユネスコの「生涯教育」理念の導入と社会教育行政

　1965（昭和40）年に，ユネスコ（United Nations Educational, Scientific and Cultural Organization：国際連合教育科学文化機関）で成人教育に関する委員会が開かれ，そのなかでユネスコの成人教育部長のポール・ラングラン（Lengrand, P.）が提出したワーキングペーパーをもとに提起されたのが「生涯教育」の理念であった[3]。これを受けて同委員会は，ユネスコ事務局に対して次のような勧告を行った[4]。

ユネスコは，誕生から死に至るまで，人間の一生を通じて行われる教育の過程――それゆえに全体として総合的であることが必要な教育の過程――をつくりあげ活動させる原理として生涯教育という構想を承認すべきである。そのためひとの一生という時系列に沿った垂直的次元と個人および社会の生活全体にわたる水平的次元の双方について必要な統合を達成すべきである。

この勧告の文章のなかで注目すべきは「統合 (integration)」という表現であり，この教育に関する理念は 2 つの統合の考え方からなっていた。第一は，垂直的統合であり時間的な統合を意味する。すなわち，人が誕生してから死ぬまでの時間，生涯のそれぞれの段階（時期）で，その時々にふさわしい教育の機会が提供されること。第二は，水平的統合で人々の生活空間のなかにある教育資源の連携・協力を意味する。これは人間の教育の機会を学校にとどめるのではなく，家庭，職場，地域社会など，人間の生活空間のあらゆる場で教育の機会が提供されることをめざし，学校教育と社会教育の連携や小・中・高・大学の相互連携など，多様な教育資源の連携・協力によって新たな教育の機会を日常の場（空間）のなかにつくり出すことで第一の統合を実現可能なものとするというものであった。また，これらの統合を可能とするために従来の教育についての概念や教育制度のあり方を改革するべきであると勧告したのである。

　この新たな教育に関する理念は，わが国の代表として同会議に出席していた波多野完治によって「生涯教育」と訳されて世に広まった。その後「生涯教育」は，国民の教育要求に対応するわが国の政策的理念として導入され定着をみていくが，社会教育の意義および社会教育振興も生涯教育の理念との結びつきにおいて論じられていくことなった。

　なかでも，1971（昭和 46）年の社会教育審議会答申「急激な社会構造の変化に対処する社会教育のあり方について」は，「生涯教育」の視点に立った今後の社会教育振興の方向を明示した。

　同答申では，社会教育の役割について「生涯教育では，生涯にわたる多様な教育的課題に対処する必要があるので，一定期間に限定された学校教育だけではふじゅうぶんとなり，変化する要求や個人や地域の多様な要求に応ずることができる柔軟性に富んだ教育が重要となる。したがつて，生涯教育においてとくに社会教育が果たすべき役割はきわめて大きいといわなければならない。なお，社会教育は，単に変化に順応するだけでなく，さらに人間性を積極的に育て，社会における先導的役割を果たすべきである」と論じ，生涯教育という観点から，あらゆる機会と場所において行われる各種の学習を教育的に高める活

動として，社会教育の意義を確認している。また，学校教育・社会教育・家庭教育の有機的協力関係，体系化を図ることも求め，この考えに依拠しながらその後の具体的な社会教育施策が展開された。この意味で，同答申は1970年代以降の社会教育および社会教育施策が生涯教育との関連で展開される契機となったといえる。

1970〜80年代は，先の社会教育審議会答申が当面の重点として強調した事項について大きな進展がみられた時期であった。公民館，図書館，博物館など，公立の社会教育施設の整備に対する国庫補助の金額が1970年代後半にはピークを迎え，ハコモノの整備のみならず，派遣社会教育主事給与国庫補助開始[5]など，社会教育行政における指導者設置に関する事項に国庫補助の充実が図られた。またこの時期には社会教育行政による学習機会の提供事業の拡充に加え，1974（昭和49）年には東京都新宿区に朝日カルチャーセンターが開設され民間企業による教育文化事業の先駆けとなり，1979（昭和54）年には立教大学が大学院への社会人入学制度を導入，1981（昭和56）年の放送大学設置（1985年より学生受け入れ開始）など，民間や高等教育機関における学習機会の提供も充実し始め，生涯教育という考え方の下に新たな教育活動が展開を見せていったのである。

2　生涯学習政策のなかでの社会教育

(1)「生涯教育」と「生涯学習」

わが国では1980年代後半あたりから「生涯教育」という言葉に代わって「生涯学習」という言葉が使われていった。なぜ「生涯教育」という用語に代わって「生涯学習」という言葉が多用されるようになったのか，つぎにこの背景をみていくことにする。

1981（昭和56）年の中央教育審議会答申「生涯教育について」では，生涯学習と生涯教育の違いが記されている。生涯学習とは，現代社会にあって自己の充実，啓発，生活向上のために求められる学習で，「各人が自発的意思に基づ

いて行うことを基本とするものであり，必要に応じ，自己に適した手段・方法は，これを自ら選んで，生涯を通じて行うもの」としている。これに対して生涯教育は「この学習のために，自ら学習する意欲と能力を養い，社会の様々な教育機能を相互の関連性を考慮しつつ総合的に整備・充実しようとする」考え方であり，「国民の一人一人が充実した人生を送ることを目指して生涯にわたって行う学習を助けるために，教育制度全体がその上に打ち立てられるべき基本的理念である」とした。

　また，1980年代以降「生涯学習」という言葉が多用されていく契機をなしたのは，中曽根首相（当時）が内閣直属の諮問機関として設置した「臨時教育審議会」（1985〜1987年）の4次にわたる答申であった。同審議会では学歴社会をどのように是正するかが大きなテーマとなっていたが，その際に登場してきたのが「生涯教育」という概念であった。学校を中心とする教育から「生涯教育」という発想で教育の仕組みづくりをするという方向への転換，すなわち「生涯教育体系への移行」という概念が構想された。しかし，ここで問題となったのが「生涯教育」とくに「教育」という用語への大きな反発であった。「『生涯教育』という言葉が急速に日本でひろがり，政府の施策への期待がふくらんでいったのも，国民を未熟とみなす発想が背景にあるからにほかならない。(中略) 成熟した市民は『オシエ・ソダテル』対象ではありえない[6]」というような批判に代表されるように，「生涯教育」が国家主導による国民の生涯にわたる管理につながるという誤解・批判であった。これへの配慮から，同審議会では国民を学習する主体すなわち学習者として捉え，「個人重視の原則」に則った形で，「これからの学習は，学校教育の基盤の上に各人の責任において自由に選択し，生涯を通じて行われるべきものである。このような認識に立って，学校教育，社会教育，職業能力開発などの振興を図るとともに，さらに，民間における学習，文化，スポーツ，情報産業等による教育活動を含め，総合的なネットワークを形成していかなければならない[7]」と「生涯学習体系への移行」が提案されることとなったのである。

　臨時教育審議会が内閣総理大臣の下に設置されていたことから，文部省（当

時）だけでなく，全省庁・行政全体をあげて生涯学習の支援にあたることができるということで，この答申を受けて生涯学習施策は急激な進展をとげ，文部省内で生涯学習を担当する部局も 1988（昭和 63）年に社会教育局から生涯学習局へと改組され，生涯学習という用語が教育行政の前面に打ち出されることとなった。

（2）生涯学習という言葉をめぐる議論

鈴木は，「生涯学習」という言葉は，権利としての社会教育の立場を標榜する宮原誠一によって『生涯学習』（東洋経済新報社，1974 年）のなかで，国による国民の管理統制を強化する手段としての生涯教育政策に対抗し打ち砕くための手段として国民の自己教育運動の理念をうたう言葉としてすでに使われたものであったことを指摘し[8]，また永井は，中央教育審議会答申「生涯教育について」の解釈を通じて，同答申では個人が生涯にわたって自主的に取り組む学習活動そのものを表すのが「生涯学習」であり，公共的に取り組まれる教育・学習の条件整備の原理的な指針を意味するのが「生涯教育」であると理解されることから，生涯学習は理念ではなく，学習の様相を記述する用語のような位置づけにすぎないと指摘する[9]。

さらに永井は，2006 年に改正された教育基本法第 3 条の（生涯学習の理念）と題された条文の内容にも生涯学習という言葉に関する問題があるという[10]。第 3 条のタイトルに「生涯学習の理念」とあるからには，事柄についての原理的な考え方が記されてしかるべきであるが，生涯学習それ自体の定義づけ，意味づけが十分に示されないまま，生涯学習は学習活動が盛んに行われ，その成果が適切に生かされる理想社会という形で生涯学習の振興のための基本的な社会条件が提示される形になっており，その意味で，改正された教育基本法第 3 条が規定しているのは，「生涯学習の理念」よりもむしろ「生涯学習社会の理念」である。ここにおいても「生涯学習」とは学習活動のことなのか，社会理念のことなのか，この意味が整理されないままに混濁した形で生涯学習という言葉が使われているというのである[11]。

臨時教育審議会の議論をふまえると，学習には誰かによって教えられある方

向に導かれるという指導からの束縛がないという意味において,「オシエ・ソダテル」教育より学習者の自由や裁量が保たれる学習活動が展開できるという肯定的なニュアンスがある。しかし,個人の自由意志や主体性に任せた自由な学習を強調することには,マイナスの側面があることにも留意する必要がある。成人教育学者のピーターソン (Peterson, D.) が「education more education の法則」と呼んだ理論が示すとおり,学校教育の段階で多くの(高いレベルの)教育を受けてきた者たちが,学校卒業後もより多くの教育機会に参加していくという事実がある。学習への取組を個人の自由意思のみに委ねれば,学ぶことへの脅威をもつ者たちは学習の機会に参与することなく生涯を送ることになる可能性が高い。学習に関する自発性は尊重されるべきであるが,個々人の自発性に任せるだけでは「学習格差」は広がっていくのである。

　また,個々人の自由意思によって学習機会を選びこれを行うことを生涯学習とするとすれば,国や地方公共団体の生涯学習支援がいつのまにか教育という理念や教育が目的とする,価値をめざして人がよくなっていくよう働きかけ支援を行うという教育的営為が忘れ去られてしまうことや,「もっとたくさん,もっといろいろ,もっと便利に,もっと心地よく」という文化やスポーツ・レクリエーション消費に向けた人々の際限ない欲望を満たすために税金を投ずることにつながりかねないとの憂慮や批判が存在することを忘れてはならないだろう。

3　社会教育行政と生涯学習支援を考える視点

(1) 社会教育と生涯学習は同じなのか

　臨時教育審議会の答申以降,都道府県,市町村の教育委員会でも「社会教育課」から「生涯学習課」に名称変更したところが少なからず存在する。また,近年では社会教育行政の所管を教育委員会から首長部局へ移管する地方公共団体も現れている。このことは,より広い領域から学習者が学びたい内容を行政サービスとして提供していくことが生涯学習推進につながるという考えに基づ

くものであろう。しかし，これらの動きは生涯学習という用語と社会教育という用語が同義に考えられた結果とも解釈される。

　生涯学習支援という観点から今後の社会教育行政は何を担っていけばよいのだろうか。生涯学習支援と社会教育は同一のものではなく，生涯学習支援の一環として行政が担う社会教育の任務があるという点，また社会教育はあくまでも教育なのであり，学習者の主体性や自由意思はもちろん担保しながら，社会教育はまちの行政計画や教育振興基本計画などから導かれる「望ましい価値」（教育目的・目標）に向かって，教育を行う側が学びに参加する者に，明確な意図（願い）をもって働きかけていく教育という営為である点を改めて確認する必要があるだろう。そのうえで，社会全体の教育力向上を目指したグランドデザイン（将来構想）を描くこと，またそれを達成するための制度を整備し，施策を具体的に展開していくことが社会教育行政には求められているのである。

(2) 社会教育行政は何を担うのか

　「生涯学習の振興のための施策の推進体制等の整備に関する法律」（1990 年）によって設置された生涯学習審議会は，1992（平成 4）年に提出した答申「今後の社会の動向に対応した生涯学習の振興方策について」のなかで，「現代的課題」という考え方を示している。同答申では「ここで言う現代的課題とは，このような社会の急激な変化に対応し，人間性豊かな生活を営むために，人々が学習する必要のある課題である」という認識を示したうえで例として 19 の課題をあげている。「生命，健康，人権，豊かな人間性，家庭・家族，消費者問題，地域の連帯，まちづくり，交通問題，高齢化社会，男女共同参画型社会，科学技術，情報の活用，知的所有権，国際理解，国際貢献・開発援助，人口・食糧，環境，資源・エネルギー等」がそれであり，「現代的課題」と称され提示されたこれらの課題は，換言すれば社会的課題・公共的課題というべきものである。

　それまでの生涯学習に関する議論が，個人重視の原則に則った個人の学習ニーズ重視に重きがおかれるなかで，ここに示された「現代的課題」は，生涯学習を個人の学習としてのみ捉える発想ではなく，たとえ個人の学習であってもそれは社会的な意味をもつことを考えなければならず，そのためには社会の

成員として人が学習する必要のある課題として現代的課題を明確にし，行政がそれらを学習機会提供事業のなかで重点的に取り上げるべきことを説いたことは大きな意義をもつといえる。

あまたの議論の末に 2006（平成 18）年教育基本法が改正され，第 3 条「生涯学習の理念」，第 12 条「社会教育」，第 13 条「学校，家庭及び地域住民等の相互の連携協力」など，生涯学習振興に関連する条文が設けられた。

（生涯学習の理念）
第 3 条　国民一人一人が，自己の人格を磨き，豊かな人生を送ることができるよう，その生涯にわたって，あらゆる機会に，あらゆる場所において学習することができ，その成果を適切に生かすことのできる社会の実現が図られなければならない。
（社会教育）
第 12 条　個人の要望や社会の要請にこたえ，社会において行われる教育は，国及び地方公共団体によって奨励されなければならない。
2　国及び地方公共団体は，図書館，博物館，公民館その他の社会教育施設の設置，学校の施設の利用，学習の機会及び情報の提供その他の適当な方法によって社会教育の振興に努めなければならない。

前述したように，改正された教育基本法第 3 条が規定しているのは，「生涯学習の理念」というよりもむしろ生涯学習社会の理念である。生涯学習社会は，生涯のいつでも，自由に学習機会を選択して学ぶことができ，その成果が社会において適切に評価されるような社会であると第 3 条には記されている。鈴木は，ここでいう学習の成果は学習者に帰属することになるが，その成果は学習者のみならずその周囲の者に広がっていく可能性をもつと論じている[12]。また，学習の成果は学習者自身のもので，すぐにその成果が得られる場合もあれば，学習を通じて，本人のみならず，それをとりまく周囲の者，またその者が住む地域社会にその成果が波及してあとになって立ち現れてくる場合もあるという。

このように学習の成果は個人の自己実現にのみ帰結するものではないこと，学習によってもたらされる個人そして学習者の周囲の者の相互作用が形づくっていくよい変化という学習成果への着目も必要だというのだ。このことは，社

会教育行政が施策を展開するなかでめざす「人づくり」「まちづくり」に通じる成果といえるのだろう。

　また，教育基本法第 12 条（社会教育）には「個人の要望や社会の要請にこたえ，社会において行われる教育は，国及び地方公共団体によって奨励されなければならない」とあり，社会教育は個人の要望だけではなく社会の要請にも応えて行われる教育であることが明記されている。このことは 2008（平成 20）年の中央教育審議会答申「新しい時代を切り拓く生涯学習の振興方策について」のなかでも，生涯学習を振興していくうえでの基本的考え方として「個人の要望」と「社会の要請」のバランスを確保すること，「生きがい・教養」だけでなく「職業的知識・技術」を習得する学習が強調される形で打ち出された。

　さらに，今後の生涯学習の振興方策において重視すべき点として公共性が掲げられ，住民が学校・社会教育施設・企業・NPO などの民間団体等との協働を通じて自主的に社会の課題解決に取り組む学習への支援の方向性が示されている。

　教育の機能には，個人的機能と社会的機能の二面があるといわれる。教育を個人の発達や自己実現を助ける機能であるとする考え方と，教育は国家や社会の維持・発展のために必要とする人間を育て社会のなかに輩出させる機能であるとする考え方である。前者は教育とは学習者である個人に奉仕するもの，すなわち人格の完成，能力の獲得，個性の実現を支援する「個人（中心）的教育観」によるものであり，後者は，教育は文化や社会の存続と発展の手段であるという「社会（中心）的教育観」によるものである[13]。

　したがって，行政が行う社会教育や生涯学習支援では，学習課題は個人の学習ニーズを十分にふまえることを前提としながらも，個人のニーズを超えたところに源泉をもつ公共的課題・社会的課題・時代的課題など，社会の側から捉えられ要請された学習上の課題を整理，選択，統合し明確な目的をもった教育機会として提供していくことが重要な任務であるといえる。

　これまでの生涯学習の推進に関する議論では，学習者の自主性・主体性重視の観点から学習者のニーズのみが先行して取り上げられてきた事実があるが，

新たに示された国の生涯学習振興の方針では，行政によって行われる社会教育や生涯学習支援については，個人のニーズに応えるだけでなく公共的課題・社会的課題・時代的課題といった社会的機能をより一層重視した学習機会の提供が求められている。このことからも社会教育行政の存在意義は，今後ともこの公共的課題に関連した学習機会の提供を継続して提供していくことにあるといえる。

4 社会教育行政，生涯学習振興における今日的課題

(1) 新しい「公共」と生涯学習振興

2004（平成16）年の中央教育審議会生涯学習分科会「今後の生涯学習振興方策について（審議経過の報告）」では，今後の生涯学習を振興していくうえで重視すべき観点の1つに，生涯学習における新しい「公共」[14]の視点の重視をあげ「これまでのともすれば行政に依存しがちな発想を転換し，個人やNPO等の団体が社会の形成に主体的に参画し，互いに支え合い，協力し合うという互恵の精神に基づく，新しい『公共』の観点に視点を向けることが必要」と指摘した。

行政と市民の協働という文脈で展開される生涯学習振興は，21世紀の日本社会を構想するうえで重要な鍵となるであろう。これを形成していくうえでも，行政が社会教育の教育としての機能をふまえつつ公共的課題・社会的課題・時代的課題に関する学習機会の提供を，継続的かつ安定的に提供し，また民間事業者やNPOと連携し，それらの課題の解決に主体的に取り組む人を育てていくことは，重要な意義をもつものといえるだろう。

(2) 学校・家庭・地域の連携と生涯学習振興

改正された教育基本法には，第3条に「生涯学習の理念」が，第13条に「学校，家庭及び地域住民等の相互の連携協力」が新設された。これを受ける形で2008（平成20）年から学校支援地域本部事業が開始され，2015（平成27）年の中央教育審議会答申「新しい時代の教育や地方創生の実現に向けた学校と地域の

連携・協働の在り方と今後の振興方策について」でも，学校がかかえる複雑化・困難化した課題を解決し子どもたちの生きる力を育むためには，地域住民や保護者などの参画を得た学校運営や，地域との連携・協働体制が組織的・継続的に構築される必要があるとされ，放課後子ども教育事業やコミュニティ・スクールなど，学校・家庭・地域の連携による教育事業が生涯学習政策の一環として精力的に進められている。

　これらの施策では，学校と学校の外にある個人・組織・教育機関が，単独では取り組むことができない教育的な問題に対し，互いの連携・協働を通じて創造的な解決に導くことが期待されている。しかし，「地域と学校の連携・協働」の推進というが，教育という視点からみれば学校には学校教育の「よさ」というものがあり，学校の外で行われている教育活動である社会教育には社会教育の「よさ」というものがある。これらの特性や独自性を無視して無理に連携や協働を進めてしまうことは，かえって学校教育や社会教育の独自性や「よさ」を損なうことにつながる問題をはらむこともある。また，地域と学校の連携・協働は，学校の外にある個人・組織や教育機関が児童生徒が学ぶ学校に参じて行うという連携だけではなく，児童生徒を学校外のさまざまな学習機会や場，人へと誘うことを通じて，児童生徒の生きる力を育み児童生徒の有する問題を解決へと結びつけるという教育の方向性があることも十分に認識しておく必要があるだろう。

　これまでにも述べてきたように，社会教育には，学習者の自発性，自律性の尊重，また学習形態，内容の多様性があり，そこに学校教育や家庭教育との違いを見いだすことができるのである。また，社会教育は子どものみならず成人の学習活動をも支援している。人生100年時代を迎える日本社会のなかで，人が生涯にわたって必要なときに必要な学びができる社会を実現すること，またその学びが単に個人の欲求を満足させることに終始しない，学びを通じてもたらされる成果が，一人ひとりの人生を豊かにし，よき人を育て，よき地域社会づくりへとつなげていくため明確なビジョンを策定し，施策を実施していくことが社会教育行政には求められている。この意味からも，今日の生涯学習の支

援において，学校教育とは異なる独自の形態，方法，施設を有している「教育」としての社会教育と社会教育行政の果たすべき役割は非常に重いものがあるといえよう。

【小池　茂子】

【注】

1)　ブリタニカ国際大百科事典 https://kotobank.jp/word/（2021 年 2 月 20 日最終閲覧）。
2)　津高正文『社会教育論』新元社，1956，p.14.
3)　UNESCO/ED/COMEDAD/65/6, Paris, 26 November, 1965［Translated from the French］International Committee for the Advancement of Adult Education, *Continuing Education*, Paris, 9-18 December, 1965（ポール・ラングラン／波多野完治訳「生涯教育について」森隆夫編著『生涯教育』帝国地方行政学会，1970，pp.238-264）。
4)　森隆夫編著，前掲書，p.167.
5)　「派遣社会教育主事」制度は，社会教育の現場である市町村が社会教育推進の中核としての専門的職員を確保できるよう，市町村の求めに応じて適切な人材を都道府県が派遣するために必要な財政的援助を国がする措置「派遣社会教育主事給与費補助制度」として 1974（昭和 49）年度から開始された。1998（平成 10）年度をもって同助成事業は廃止された。
6)　松下圭一『社会教育の終焉』筑摩書房，1986，p.4.
7)　臨時教育審議会「教育改革に関する第 4 次答申（最終答申）」1987.
8)　鈴木眞理「生涯学習社会の創造へ向けて」鈴木眞理・馬場祐次朗・薬袋秀樹編著『生涯学習概論』樹村房，2014，p.15.
9)　永井健夫「現代的理念としての生涯学習」鈴木眞理・永井健夫・梨本雄太郎編著『生涯学習の基礎 ［新版］』学文社，2011，p.10.
10)　同上，p.11.
11)　同上，p.11.
12)　鈴木眞理『学ばないこと・学ぶこと―とまれ・生涯学習の・ススメ』学文社，2006，p.118-119.
13)　宮坂広作『生涯学習と自己形成』明石書店，2010，p.133.
14)　「新しい公共」は，2000（平成 12）年 1 月，小渕首相のもとに設けられた「21 世紀日本の構想」懇談会の報告書「日本のフロンティアは日本の中にある―自立と自治で築く新世紀―」のなかで初めて示された概念。この報告書で，21 世紀は従来の「官から民へ」という上からの公共ではなく，自立した個人が社会に参画していくことにより，さまざまな主体と協同してこれまでとは異なる「公」を創出することが必要であると，「新しい公共」の考え方を示した。

社会教育　教育基本法　社会教育法　生涯教育　生涯学習
昭和 46 年社会教育審議会答申　臨時教育審議会　生涯学習体系への移行
現代的課題　個人の要望と社会の要請

(1)「社会教育」「生涯教育」「生涯学習」の概念をそれぞれ整理してみよう。
(2) 生涯学習振興という観点に立って，社会教育および社会教育行政が担うべき役割について整理してみよう。

第2章　生涯学習の学習者論

1　学習者を理解する意味—教育の三領域と学習者（教育対象者）

　学習支援を考えるとき，大切なことは学習者に役立つことをするという大原則である。そのため支援する者は，学習者を十分に理解しておくことが必要になる。たとえば，学習支援の対象が子どもの場合と成人の場合とでは，留意すべき点に違いがあることは容易に想像できるであろう。成人はおかれた立場や担う役割によって，必要となる知識や技術に違いが大きい。加えて，成人はそれまでの人生経験から多くのものを得てきており，学習活動の出発点として，その経験が活かされることもある。学習支援者は，学習者それぞれの特性を十分に把握し，多様な要望に応えるための知識と能力を身につける必要があるのだ。

　生涯学習というものを文字どおりに解釈すると，生涯にわたる学習活動のすべてが含まれるものということになるのであり，生涯学習という言葉は，あらゆる場で行われる教育・学習活動を含むものとみることができる。とはいえ，生涯学習に着目してその学習活動を捉えるには，その中心となる社会教育についてしっかりと理解することがなによりも必要となる。そこで，ここではまず生涯学習活動を理解するために，教育という営み全体のことから説明していくことにする。

（1）学校教育の特徴

　教育には，その活動が行われる場によって3つの領域に分ける捉え方がある。学校で行われる「学校教育」，家庭で行われる「家庭教育」，この2つ以外に広く社会で行われる「社会教育」の三領域である。

学校教育には，定型的教育であること，公的な教育であること，専門的な教育や訓練を受けて資格をもつ教員が学習指導要領に則って，決められた教材を使いながら計画的・組織的に教えるなどの特徴があるが，その教育対象は児童・生徒・学生など，若者を含めた主に子どもということになるだろう。

　そもそも私たちの多くは，教育の行われている場面を問われると，教室で一人の教員が黒板の前に立ち，着席した児童生徒に向かって授業を行っている光景を思い浮かべるのではないだろうか。このように学校教育は，教育の三領域のなかで最もなじみのあるものとみてよい。それゆえに学校教育は，すべての教育の中心であるように認識されて，学校における学びが最も価値あるものであるかのように扱われることがある。学校教育は，体系的，効率的なものであり非常に大きな意味をもつ教育の領域として，その価値や重要性を否定するものではないが，学校以外の場における学びが軽んじられている現状は改善されていくほうが望ましいといえる。

(2) 家庭教育の特徴

　つぎに，家庭のなかで，主に「親や保護者」(以下，親)によって行われている教育が家庭教育である。当然のことながら，教育対象者は年齢に幅はあるものの子どもということになる。家庭教育は人が最初にふれる教育で，その人の価値観の根幹に影響する重要な領域であるが，その実態は家庭および家庭教育の担い手により，じつに多様な様相を呈している。家庭教育の一番の特徴は，私的領域の教育活動であり，決まった型がない教育領域だということになろう。教える親には学校教育における教員のような資格も必要なく，従うべき学習指導要領も決められた教材も存在しない。教える内容も教え方も親が自由に選択してよい。

　意外に思われるかもしれないが，家庭教育ほど実態のみえない教育の領域はない。家庭というプライベートな空間で行われていることは，他者の目にふれる機会はきわめて少ない。また，学校教育のように，その内容が定まっていないということは，到達点も家庭によってまちまちであるということで，過不足を測る基準も存在しないことになる。これまで，母語の獲得や基本的な生活習

慣，規範意識や道徳心，マナーなどを習得することによって，子どもに社会性を身につけさせるのが一般的な家庭教育と認識されてきていたが，家庭のあり方の変化や親の価値観の多様化などに伴い家庭教育も変化している。加えて，子どもをとりまく環境の悪化や，子育てに不安を抱く親の増加，地域や家庭の教育力の低下といったことがいわれるようになり，より一層きめ細かい家庭教育支援・子育て支援が求められている。

(3) 社会教育の特徴

　社会教育は，緩やかな型や計画を有する非定型的教育の領域である。社会教育法第2条を要約すれば，学校の教育課程として行われる教育活動以外の主として青少年や成人に対して行われる組織的な教育活動が社会教育だということになる。今日では，子どもを対象とする学習機会も多く提供されているが，社会教育における学習者の中心は，やはり成人ということになろう。社会教育は，なによりも自主性・自発性を重視する領域とされ，学習内容，方法，学修期間，到達段階などは学習する本人（学習者）が決めることができる。さらにそこには，「学ばない」という選択肢もあり得るほど強制力がなく，自由度の高いものである。この自由度の高さゆえ，社会教育はとても把握しにくい領域であるとされるのだが，それは，この領域で行われる教育活動が多様性に富み，比較しにくく，分類しにくいといった性格をもつためである。学校教育のように型が定まっていることもなく，地域の必要に応じて行われることからバラツキも生じやすく，全体像の把握は困難を極める。加えて，たとえばある人が，図書館で本を借りるとき，図書館という社会教育施設を利用しているにもかかわらず，図書館が社会教育施設の1つだという認識をもたずに利用していることも多いのではないだろうか。社会教育は，教育の一領域であることをあまり意識されないまま，行われていることもある領域なのである。

　オーソドックスな社会教育は，学習者の地元の公民館等において講座・事業として開かれるものが多く，その学習内容は地域や生活に密着した課題（生活課題・地域課題）を解決する目的で選ばれるものであったが，時代が豊かになってくると個人の趣味や教養を高めるための学習に人気が集まるようになってい

る。近年では，民間の教育文化産業が多くの学習機会を提供しているほか，地域における学習の拠点となる公民館[1]も姿を変えており，社会教育活動は過渡期にあるといってよいのだろう。

2　子どもの学習支援と成人の学習支援

(1) ペダゴジー「子どものための教育学」

　一般的に教育の中心的課題とされるのは，発達途中にあり未熟で多くの可能性を秘めた存在である子どもを，指導によってよい方向へ導き，成人へと育てることである。教育学を意味するペダゴジー（pedagogy）という言葉は，ギリシャ語で子どもを意味する paid と指導者を示す agogus に由来する。これまでの教育学が積み重ねてきたものは，未熟な子どもに教えを授ける姿勢を基本としたものであるといえる。

　近年では，子ども一人ひとりの個性の尊重や発達段階への配慮に加えて，自主的・自発的な学びの重要性が説かれるようになった。学習の主体は，まだまだ未熟な子どもであっても学ぶ本人であり，教師や指導者は子どもの学習を支援する存在であるという解釈がされるようになってきている。かつてのように，教師が一方的に知識や技術を授けるばかりが教育なのではなく，学ぶ本人が自ら課題を見つけ，調べ，考察する過程を繰り返し，課題の解決方法や答えを導き出すといった主体的な学び方に大きな期待が寄せられている。細かく定められた学習指導要領に基づき，これまでの蓄積を重視してきた学校教育の場においても，体験活動やアクティブ・ラーニング，ワークショップなどの実践を重視した学習方法の導入が積極的になされるようになり，自主的な学びの定着がめざされている。

　しかし，学ぶ主体を学習者自身だとする考え方は肯定されるにせよ，子どもに対する教育活動とは，将来への準備を整えていくことがその根底にあると捉えれば，教員や親などの指導者が主体となって行われているものとみてよいのではないだろうか。子どもとは，年齢や発達段階に応じてクリアすべき課題（発

達課題）の克服や，社会生活を営むうえで必要不可欠な社会性を体得していくことなどを通して成長し，成人になっていく存在である。子どもに対する学習支援は，なによりも指導者が，子どもの主体性や自主性，個性を損なわないように配慮しつつ，行われることが望まれている。

(2) アンドラゴジー「成人のための教育学」

　一方のアンドラゴジー（andragogy）とは，ギリシャ語で大人を示す aner と指導（者）を示す agogus からつくられた概念であり，成人を対象とする教育学と捉えてよい。ノールズ（Knowles, M.S.）が 1970 年に示した成人教育論のなかで提起したことでよく知られるようになった[2]。未熟な子どもを育てるペダゴジーの理念に従えば，成熟している成人は，すでに教育を受ける段階を終えた存在であって，これ以上の教育の必要はない存在であるということになる。しかし，1960 年代後半以降，国際社会状況の急激な変化に伴い，生涯にわたってその可能性を広げていくための継続した学び（生涯教育）の重要性が示され，認知されていくに従い，成人教育支援がさまざまな形で議論されるようになっていくのである。それは，以前から行われてきた成人になる準備のための教育とは異なり，すでに成熟した者が生涯にわたって可能性を広げるための継続した学びの存在と，その必要性が認知されることになったといえる。

　ノールズは，成人の行う学習の特質を以下の 4 点に求めた。

---

①成人学習者は自律的・自己管理的（self-directed）に，自らの学習課題を決定する
②それまでの人生において蓄積された経験が，学習のための貴重な資源となり，学習活動においても大きな役割を果たす
③おかれている社会的立場や担っている役割から，学習へのレディネス（学ぶ準備が整う状態）が生じる
④成人学習者の学習内容には，問題解決や課題達成を中心とした編成が望ましい

　成人は，それまでの経験に基づいた自己の判断によって，現在目の前にある課題を解決するために学習を始めることが多いということになるが，職業をも

ち，いくつもの役割を担う日々の暮らしのなかで学習を始め，継続させていく
には相当な工夫や努力を要する。また，成人であれば誰もが自律的な学習活動
に長けているわけではないことにも注意が必要となる。

(3) 学習志向性による成人学習者の分類

フール（Houle, C.O.）は，成人学習者のタイプは学習に向かう姿勢によって，
以下に示す3つのタイプに分類できるとした。

---

① 目標志向型 goal-oriented
② 活動志向型 activity-oriented
③ 学習志向型 learning-oriented

まず，①の目標志向型の学習者とは，目標達成の手段として学習を位置づけ
るタイプで，たとえば資格取得を目標とした場合，それが達成されると学習を
終了することが多いとされる。②の活動志向型の学習者は，学習の目標や内容
への関心よりも，友人を見つけることなど，活動に付随することに楽しみを探
し出すタイプで，学習活動全体のなかから何かを得ようとする。③の学習志向
型とされる学習者は，学ぶという行為そのものに関心が高く学習することに喜
びを覚えるタイプである[3]。

このように類別してみると，必ずしも一人の人間が一貫して1つのタイプの
学習者として存在するのではない可能性に気づくのではないだろうか。たとえ
ば，資格取得という目標のために学習した人が，別の学習機会においてはタイ
プ③のように，純粋に学習に喜びや楽しみを見いだすこともあり得るだろう。
あるいは，友人に誘われて学びはじめた当初はタイプ②だった人が，学習のお
もしろさに目覚めて③に変わるといったことが起こりうる。このように，学習
に向き合う意識や姿勢は必ずしも固定化されたものではなく変化するものであ
る。加えて，多様な役割を担う成人学習者は，時と場合により学習環境にバラ
ツキも大きいと考えられる。また，1つの学習機会の会場内には，このように
さまざまなタイプの学習者が混在していることも留意すべき点であろう。生涯
学習支援を考えるには，学習者のタイプ別に求められる教育的配慮や支援方法

を，それぞれの教育の領域で行われる教育・学習活動の特徴を活かしながら行う必要があることを忘れてはならないということになる。

3 成人学習者をとりまく周囲と学習ニーズの変化

(1) 地域に基盤をもつ教育的機能の変化

　地域には一定のエリア内に居住する住民を中心につくられ，共通の目的のために活動する各種地域団体／地縁団体 (以下，地域団体)[4] が多数存在している。町内会，老人会，青年団などは，地域の自治や振興に寄与するための活動が脈々と継承されている団体である。そのなかに，PTA や子ども会・育成会，ボーイスカウト／ガールスカウト，婦人会などの「社会教育関係団体」と称される団体がある。社会教育関係団体とは，居住範囲に明確な規定はないが地域住民を主たる構成員とした団体のなかでも，社会教育法第 10 条で，「法人であると否とを問わず社会教育に関する事業を行うことを目的とするもの」とされた団体で，例にあげたものがその代表である。

　かつての農村のように地域の結びつきが強いところでは，日頃から密接な人間関係が築かれており，日常生活においても人々の協力が不可欠であった。人々が共有する地域課題に対処するための学習活動にも，地域団体が果たしていた役割は現代以上に大きな意味をもっていたと思われる。

　しかし，地域をとりまく社会状況が大きく変化した現在，地域団体の活動にも変化が起きている。少子高齢化[5]，人々の価値観やライフスタイルの多様化，都市化による地域の人間関係の希薄化などにより，必ずしも地域課題や生活課題に関心がもたれない，課題そのものの個別化や細分化などの理由から，団体の活動に参加者が集まらないこともある。一般に，社会教育関係団体をはじめとした地域団体の衰退は著しく，地方の青年団や婦人会などには，会員の高齢化や新規加入者の減少により活動の不活発化が進み，解体の危機に瀕する団体も増えている。人間関係の希薄化を食い止め，地域の活性化をはかるには，人々の変化に即した活動を再構築していく必要があるだろう。たとえば，婦人

会という組織は，女性の地位が著しく低かった時代に，女性の一致団結や地位向上をめざして活動してきた団体であるが，今日では婦人会が全女性を代表する存在とみることはできない。時代と人々の意識の変化によって，団体のもつ意味にも変化があって当然なのである。しかし，これらの団体の衰退を惜しんで終わらせるのではなく，地域団体が担ってきた教育的機能や地域の人と人を結びつけてきた役割を継承していくためにはなにができるのか，人々の学習ニーズをふまえながら，新たな活動のあり方を考えていくべきなのであろう。

(2) 成人の担う役割からみる課題と支援の変化

社会における役割を複数担う成人であるが，そのなかでもとくに多くの時間と労力を割くことになるのは，職業人としての役割と家庭人としての役割である。これまでの日本における企業と就労者の関係は，日本型雇用慣習と称され，新卒一斉採用や終身雇用制度，年功序列などを特徴とする制度で一般化していた。日本企業は，企業が1つの家族にたとえられるほど強固な社員同士の結びつきを背景に，自社にとって必要な社員の職業能力を企業が率先して育成してきた歴史をもつ。企業内教育[6]として，職場内で実務を通して行われる OJT（On-the-Job Training），職場を離れた研修などから学ぶ Off-JT（Off-the-Job Training）といった制度を充実させてきた。

しかし，企業内教育で取得可能な資格は，社内特有の資格であることも多く，在籍する期間限定で有用なものであり，企業にとって有意義な分野に焦点化されたものである。雇用の流動化が進んだ現代，個人のキャリアという観点からみれば，その資格は必ずしも汎用性が高いものということはできない。

社会教育の領域では，かねてより職業に関する教育機会の重要性が指摘されているが，公的な社会教育が提供する学習機会のなかに占める職業に関するものの割合は，表2-1からもわかるように依然として低いままである。「人生100年時代」ともいわれる今日，定年後の再就職まで視野に入れたライフコース全体に及ぶ職業に関する学習機会について，公的な社会教育がニーズを掘り起こすところから，もっと積極的に提供すべきだと考えられる。

成人の担う役割のうち，もう1つ大きなものは家庭人（とくに親）としてのも

表 2-1　施設別にみる職業知識・技術の向上に関する学級・講座数

区分	都道府県・市町村教育委員会	都道府県・市町村首長部局	公民館（類似施設を含む）	青少年教育施設	女性教育施設	生涯学習センター
件数	890	4,010	1,760	294	507	402
割合（%）	0.7	2.0	0.5	1.1	4.7	2.7

出典：文部科学省「平成 30 年社会教育調査」2020 年より作表

のである。女性の社会進出が進み，職業をもちながら子育てや家事労働に奮闘する夫婦は多く，今後一層増えていくことが想定される。子育て支援において父親は，かつてのように母親に理解を示し手伝う存在としてではなく，父親自身も育児の当事者であることを強調する方向への変化がみられるようになっている。加速しつづける少子化への危惧からも，これまでどおり，子育てに不安を抱く母親を直接支援する取組は継続して必要であるが，パートナーを含めた周囲が，積極的な育児参加・子育て支援をしやすい環境をつくることが喫緊の課題である。そのためには，対象を子育て当事者にのみ限定するのではなく，職場をはじめとした上の世代の意識変容を促すための取組が，学習機会の提供とともになされるべきであろう。このように職業人・家庭人としての成人がおかれた現状をみると，個人の課題にみえるものが，じつは社会全体の課題でもあることがわかるのだ。

(3) 学習ニーズの変化

　近年は，NPO や民間のボランティア団体も，多様化する課題解決のための諸活動を通じて，教育的機能を担う存在になっている。NPO とは，Non-Profit Organization の略語で，営利目的ではなく公的利益のために市民が自主的に活動する非政府組織・団体として，その活動に期待が寄せられている。社会教育で学ぶ学習者のニーズが，地域課題や生活課題と呼ばれるような日常生活に即した学習内容よりも，教養を高める学びや個々人の趣味や生きがいづくりに対して高まる傾向は以前からみられたが，それに加えて，「新しい公共」[7] の考え方が広まり，公共サービスやボランティア活動などにかかわる市民が増え，関連する学習にも関心の高まりが起きている。

ボランティア活動に内在する教育機能については，かねてより言及されていたが，1992（平成4）年の生涯学習審議会答申「今後の社会の動向に対応した生涯学習の振興方策について」[8] において，生涯学習とボランティアの関係が3つの視点で整理されて以降，ボランティアを学習者として捉える見方が広まったといえる。社会教育施設では，以前から博物館や図書館などボランティアを受け入れているところが多くある。施設にとってのボランティアは，まず来館者・利用者であり，ともに施設のために働く存在であるが，同時に学習者でもある存在とみることができる。もちろん，ボランティア活動が公共性の高い奉仕活動である主旨にはなにも変わりはないのだが，自発性，公共性，無償性，先駆性などを原則とし，その活動が行う本人にとって大きな学習効果をもたらすことが着目されるようになったのである[9]。

　また，1999（平成11）年の生涯学習審議会答申「生涯学習の成果を生かすための方策について」では，誰もが生涯学習によって得た学習成果を活用して社会で自己実現するためには，学習者個人の学習成果を，個人のキャリア開発，ボランティア活動，地域社会の発展に活かせるようにできる社会的システムの形成が必要だと述べられ，学習成果を学習者個人のものから社会的，社会的活動へ活かすものと考える方向へ進んでいることをみてとれる[10]。

4　学習者の「成長」を促すために

（1）支援にかかわる人の変化

　これまで成人学習者とは自律的な存在であり，学習内容や学習方法などについても自発的に選択する特徴をもつ学習者であると繰り返してきた。こうした学習者を「支援」することは，自主性・自発性を損なうことにはならないのだろうか。戦後間もない1949（昭和24）年に社会教育法が制定されたときには，社会教育における学習機会の提供主体は，社会教育行政を中心として想定されていた。そのため，その頃の社会教育主事は社会教育計画を立てて講座や事業を企画する役割を担っていた。地元にある公民館，図書館，女性教育施設など

をはじめとする社会教育施設は，長らくそうした学習活動の拠点として位置づいてきたといえるだろう。各施設には，それぞれの専門性をもった職員がおり地域住民の学習活動を支えてきたが，近年，指定管理者制度[11]の導入などを背景にして職員の非常勤化が進み，施設職員の養成や専門性の担保についていくつもの課題が指摘されている。だが，これまでみてきたように，現代の学習機会の提供主体は，NPOや民間企業をも含む多様なものとなっているため，学習者にとって，地元施設および専門職員の存在と活動内容が，どこまで明確に認識されているかは定かではないだろう。社会教育主事が担う役割に，今は上記の役割に加え多様な主体との連携や協働をコーディネートする能力も必要とされるように変わってきている。

　学習者からすると，学習機会が多様な主体によって提供されるようになることは，選択肢の増加になることであり望ましく映るはずである。とくに営利目的主体が設ける学習機会は，娯楽性や利便性を前面に押し出すことに長けており，学習の動機づけには有効であろう。多様化する学習機会の場では，学習支援にかかわる人もまた多様化している。社会教育主事や社会教育施設にいる専門職員など行政に連なる支援者とは異なる各分野の専門家やボランティアなどが，指導や支援にあたるが，学習者とどのような関係を構築しているのかについて，とくに社会教育に直接たずさわる社会教育主事や専門職員は，深く考える必要があるのではないだろうか。社会教育は，学習にかかわる多くの要素が多様であることから，今後も一層の多様化が進むと考えられるからこそ問われるものがあるはずである。

　加えて，学習者を支援するという行為は，支援者自身を成長させる側面をもつことも忘れてはならない。学習機会の場において学習者を直接指導する者だけでなく，学習者によって顕在化され自覚されている学習ニーズ以外の学習機会の創設や個々の学習者への提案などの支援は，学習者から直接求められる以上の知識や情報がなければ対応できない。多様な背景を有する成人学習者は，本人に学習への意欲さえあれば希望どおりの学習ができるとは限らない存在でもある。学級や講座の開設だけでなく，個々の成人学習者の支援にかかわるこ

とが，支援者自身の意識の変容や知識量の増加などをもたらし，課題解決のための学習も含め支援者の成長をもたらすものと考えられる。

(2) 教育の客体から学習の主体へ

センゲ（Senge, P.M.）は，環境の変化によって求められる企業における組織改革には，個人の能力開発だけでは不十分であり，個人の学習による成長が組織に反映されるような自律的で柔軟な組織になる必要があることを，「学習する組織（learning organization）」という概念を用いて説いた[12]。組織を成長させるために必要なのは，目の前の現状や顕在化している課題への対処のみに終始せず，未来のビジョンをも含めた柔軟で多様な視点をもつこと，状況に応じて行動の目的自体を修正していく学習，関係者間の共創的対話であるとした。この「学習する組織」は，ビジネス分野におけるマネージメントについて記されたものだが，学校などほかの組織についても課題解決や柔軟な組織づくりに有効であるとされている。自発的に学ぶ個人が，自由に意見を交換しながら，共有のビジョンに沿って組織全体の能力を高めていくことがめざされる。

　ノールズがアンドラゴジーの提起で示した成人学習者の特性である自己決定学習は，成人であれば誰もが実行できるというものではないが，学習者が感じている必要性に応える形で教育がなされたとき，学習経験は最も効果的なものとなる。自覚された学習ニーズ（「要求課題」）に応える形での支援は，最もわかりやすいものである。もちろん，この場合も，学習者の自主性や自発性を損なうような態度や行動は厳に慎まなければならないのだが，学習者個人に焦点をおく支援とともに，学習者が身をおく組織や環境を学習に適したものに整えること（環境醸成），学習者が関心をもちそうなテーマや「必要課題」[13]，学習機会を提示すること，必要な情報を整理すること，求めに応じる形でのアドバイス，成人学習者に特有の学習阻害要因の除去に協力することなど，いわば「間接的な支援」を行うことが有効であろう。学習者の自発性を尊重することは，すべてを学習者任せにすることを意味するものではないのである。それぞれの学習者によって，多様な歩み方をする生涯学習の場において，段階的，重層的な支援を行うことで，名実ともに自立・自律した学習者の「成長」を促すこと

の意義は非常に大きいものなのである。

【本庄　陽子】

【注】
1) 公民館は，日本の社会教育施設を代表するものの1つである。社会教育法第21条で，市町村が設置することが規定されている教育機関として位置づけられ，市町村における生涯学習活動の重要な拠点である。1999年度の1万8257館をピークとして，2018年度の社会教育調査では1万4281館に数を減らしている。
2) マルカム・ノールズ／堀薫夫・三輪建二訳『成人教育の現代的実践―ペダゴジーからアンドラゴジーへ』鳳書房，2002. また，ノールズやアンドラゴジーについては，永井健夫「成人の学習とアンドラゴジー的視点」鈴木眞理他編著『生涯学習社会の学習論』〈シリーズ生涯学習社会における社会教育 第4巻〉学文社，2003, p.7-30. に詳しい。
3) Houle, C.O., *The Inquiring Mind*, The University of Wisconsin Press, 1961.
4) 地域団体は，一定の地域に居住する住民がつくる団体をさし，そのなかでも地縁に基づいてつくられ，地域にかかわることに総合的に取り組む活動をしているものを地縁団体と分類することもあるが，ここでは，とくに二者を分けずに地域団体として考察していく。
5) 65歳以上の人口が7％を超えると「高齢化社会」，14％を超えると「高齢社会」，さらに21％を超えると「超高齢社会」とされている。日本の高齢化率は，『令和3年版高齢社会白書（概要版）』によれば，2020年10月時点で28.8％に達している。高齢化については，同時に進行している少子化とともにその進展の速さに注目が集まっていたが，今後は高齢者数の多さが問題となる。
6) 企業内教育には，ほかに管理職・新入社員などの各階層に応じて行う「階層別教育」や，職種別に行う「職能別教育」などがある。従業員の知識，技術，資質の向上はもちろんのこと，企業風土に適した従業員の育成を目的としている。
7) 「新しい公共」とは，官だけではなく市民の参加・参画と選択のもとで，NPOや企業などが積極的に公共的な財・サービスの提供主体となり，医療・福祉，教育，子育て，まちづくり，学術・文化，環境，雇用，国際協力などの身近な分野において，協働・共助の精神で行う仕組み，活動などをさす。人々の支え合いや地域の活性化に大きな期待が寄せられる一方で，事業内容や対象などの決定に市民がかかわる際の正当性，公平性，あるいは活動の継続性や団体の育成などに課題があるとされる。
8) 3つの視点とは，以下のものである。①ボランティア活動そのものが自己開発，自己実現につながる生涯学習となる，②ボランティア活動を行うために必要な知識・技術を習得するための学習として生涯学習があり，学習の成果を生かし深める実践としてボランティア活動がある，③人々の生涯学習を支援するボランティア活動によって，生涯学習の推進が一層図られる
9) ボランティア活動のもつ意味は，かつての一部の篤志家による慈善活動・奉仕活動から，1995年の阪神淡路大震災以降，多くの市民が行う助け合いの行動へ変化した

といわれる。そこで1995年は、日本における「ボランティア元年」とする見方もある。
10) 社会教育における学習内容についての論考は、本庄陽子「何を社会教育で学ぶのか」松岡廣路他編著『社会教育の基礎―転形期の社会教育を考える』〈講座 転形期の社会教育Ⅰ〉学文社、2015、p.116-131. を参照されたい。
11) 指定管理者制度とは、2003年の地方自治法一部改正により、地方自治体が所管する公的施設について、管理、運営を、民間を含む法人やその他の団体に委託することを可能にした制度のことをいう。民間のノウハウを導入することによるサービスの向上とコストの削減が目的とされる。
12) ピーター・M・センゲ／枝廣淳子他訳『学習する組織―システム思考で未来を創造する』英治出版、2011. ならびに、センゲ他著／リヒテルズ直子訳『学習する学校―子ども・教員・親・地域で未来の学びを創造する』英治出版、2014.
13) 必要課題とは、学習者本人には意識されていないが、社会全体からみて学ぶ必要があると潜在的な課題のことをさす。対になるものに「要求課題」があり、こちらは学習者に自覚された学習課題のことである。

キーワード

学校教育・家庭教育・社会教育　ペダゴジー　アンドラゴジー　要求課題・必要課題
OJT ／ Off-JT　指定管理者制度　社会教育関係団体

この章を深めるために

(1) フール（Houle, C.O.）の分類による学習者の3タイプには、それぞれどのような支援が必要か検討してみよう。
(2) 地域の社会教育施設では、どのような学習支援が行われているか調べてみよう。

【参考文献】

鈴木眞理・永井健夫編著『生涯学習社会の学習論』〈シリーズ生涯学習社会における社会教育 第4巻〉2003、学文社.

第3章　生涯学習の学習内容論

1　生涯学習における多様性

(1) 生涯学習の多様性

　生涯学習の特性の1つはその多様性である。教育基本法では，「生涯学習の理念」として，「国民一人一人が，自己の人格を磨き，豊かな人生を送ることができるよう，その生涯にわたって，あらゆる機会に，あらゆる場所において学習することができ，その成果を適切に生かすことのできる社会の実現が図られなければならない（第3条）」と定めている。「国民が豊かな人生を送ること」を生涯学習の目的とするならば，何をもって「豊かな人生」とするかの基準は学習者一人ひとりの価値観に依存することになる。物的な豊かさ，健康，家族，生きがいなど，「豊かな人生」に必要なものは，その学習者が「豊かな人生」をどう考えるかによるからだ。

　つまり，「何のために学習するか」という学習の「目的」が学習者によって異なる。そして，学習の「目的」が学習者によって十人十色，千差万別であることで，生涯学習支援はより複雑となる。目的が多様であれば，提供する学習内容が多様となるのはもちろん，同じ内容であっても学習者の目的によって，望ましい学習のスタイルや学習機会の提供方法も多様であることが求められる。

　そういった学習が「あらゆる機会」に「あらゆる場所」で可能な社会がめざされている。ライフステージのどの段階においても，それぞれの学習者の目的に応じて，学習者が学びたい方法で学習機会が提供され，その成果を活用できる社会こそが，実現すべき生涯学習社会であるといえる[1]。

　具体的に生涯学習の活動がどのように行われているのかを考えてみても，そ

の多様性がわかる。たとえば，家族を中心とした人間関係や経験を通して子ど
もが成長する家庭教育という場がある。また，一定の指針の下で基礎学力と自
己教育力を養成する学校教育や，職業上の能力向上と社会人としての教養を身
につけるための企業内教育なども含まれる。こうした一定の基準やスタイルに
従って実施される学習活動に加えて，より多様性をもつのが，地域における社
会活動や団体活動，趣味や一般教養，スポーツなどに取り組む社会教育活動で
ある。

　社会教育については，学習活動が行われる環境も多様である。公的な環境と
して社会教育を行う中心的な施設として公民館やコミュニティセンターがある。
また，図書館や図書室，博物館や美術館などは図書や実物に接しながら学ぶこ
とができる環境だ。文化センターや文化会館など，発表や鑑賞の場となる施設
もある。スポーツ施設や公園など身体活動を行うための場もまた社会教育の環
境といえる。最近では，地域のこうした多くの施設や環境のネットワークの基
幹施設として，生涯学習センターなども増えてきた。また民間の社会教育の機
会を提供する施設としては，スポーツジムやカルチャーセンターによる活動や
学びの場が提供されている。近年では，実物の施設のみならずオンラインでの
バーチャル空間を場とした学習機会も増加しており，スマホやタブレット端末
の普及やネット環境の整備が進んだことで定着しつつある。生涯学習は学習の
場，内容，方法などあらゆる意味で多様であることがその特徴である。

(2) 生涯学習支援における学習プログラムの重要性

　わが国における主要な教育機関といえば学校教育法に定められる学校であろ
う。学校では教育計画が国の示す基準に沿って編成される。とくに義務教育段
階を含む初等中等教育段階における教育課程の基準となるのが，文部科学省が
定める学習指導要領である。日本ではこの基準が定まっているため，全国のど
の地域で教育を受けても，一定水準の教育を受けられるように保証されている。
学習指導要領には，各教科の目標や大まかな教育内容が定められており，学校
ごとにこの学習指導要領をふまえて，地域や学校の実態に応じて教育課程計画
を編成していくことになる。また，専門的な知識や技能の習得のための教育機

関のなかには，学校教育と同様に法的な規制などに基づいて，教育内容が決められ，カリキュラムが規定されている教育機関もある。具体的には，一定水準の教育成果を保証することが求められる機関であり，たとえば自動車の運転免許状を取得するための自動車教習所などが当てはまる。

　しかし，学習者の「豊かな人生」につながるような多様な学習ニーズに応えるためには，学校教育型の厳格な規定に基づいた教育支援のみで対応するのはむずかしい。そこで社会教育においては，多様性を前提とした教育支援システムの構築が求められることになる。教育支援システムのなかでも，とくに重要なのは，学習内容と学習方法を軸とする，学習プログラムをどう立案するのかという視点である。地域のなかで広い世代に向けて提供される，社会教育の代表的な形態は，「講座」や「学級」であり，こうした形態の学習は，公民館などの公的な社会教育でも多く扱われ，学習者にとっては，地域のなかで自発的な選択をして参加ができる身近な学習機会となっている。

　学習指導要領という基準が存在する学校教育とは異なり，社会教育の学習プログラムには，テーマや扱う内容，また講座の体系性には，全国統一的な基準は存在しない。その学習プログラムは，立案者に委ねられることになる。従来は，公的な社会教育の学習プログラム立案者は，社会教育主事等が担当することが多かったが，現在では学習者や住民が学習プログラムの策定主体として関わる仕組みを導入する自治体も増えているなかで，プログラム立案の基本的な視点や，方法を理解することは，生涯学習を支援する側にとって重要な事項である。

2　学習プログラム立案の原理

(1)　社会教育行政における「学習プログラム」

　近年，社会教育には改めて「地域づくり」の役割が強く求められている。学校や家庭と連携した地域の教育力への期待や，人口減少のなかで地域のつながりの再生の必要性がその背景にある。そのなかで，社会教育行政が学習プログ

ラムを立案するということは，地域の学習課題を把握し，その課題解決につながるような学習機会を提供する事業計画を策定することだ。

　地方自治体は，地域づくりについての基本方針などを定めた「総合計画」をもっている。この総合計画に即して，総合的な教育計画や生涯学習推進計画が策定されているのが一般的である。その自治体の大きな枠組みとして策定される5～10年以上の「長期計画」や3～5年の「中期計画」などの複数年にわたる「中長期計画」は，学習プログラム立案の際の土台となるものだ。中長期計画に示されている「目指すべき地域」のイメージを，社会教育事業に落とし込んでプログラムが作成されるべきだからだ。

　この中長期計画と整合性がとれるように留意しながら，当該年度に実施する事業名，主旨，事業概要などが示された「年間事業計画」を策定する。前年度の事業計画の振り返りから得られた省察をふまえて，中長期計画の理念や目的，「目指すべき地域」のイメージなどを確認のうえ，年度の事業計画を構造化していく。

　「年間事業計画」に示された個別の事業の具体的なアクションプランを示したものが，「個別事業計画」（学習プログラム）である。教育計画をもとに，事業ごとの目的や目標，対象，時期などの詳細を決定して策定される。さらに，この学習プログラムの回ごとの詳細な内容や流れを示したものは「展開プログラム」と呼ばれる。

　このように社会教育行政における学習プログラムは，長期的視点に立った社会教育計画のなかに1つの段階として位置づけられるものである。そのため，学習プログラム策定の際には，事業計画や中長期計画に基づいて「なぜ，この事業を行うのか」や「この事業によって何が期待されるのか」を具体的にしていくことが重要である[2]。

(2) 学習プログラム立案に向けて

　学習プログラムを組み立てるために，事前の作業として以下の3点が必要とされる。まず，学習プログラムを実施する地域の「地域実情」を把握する作業であり，次に住民の「学習ニーズ」を把握する作業，そしてその地域において

「すでに行われている教育事業の現状と課題」を把握する作業である。

　「地域実情」を把握することは，その地域の課題を明確にすることである。いってみれば，地域における住民の学習ニーズを拾い出す作業である。さらに，その課題解決に用いることができる，地域の学習資源についても検討していくことで，より地域に適合した学習プログラムを策定することが可能となる。具体的には，地勢・人口構成・地理的条件など自治体の概要，就労状況，余暇の過ごし方など，住民の生活状況，学校数や生涯学習関連施設等の教育・文化的環境などの視点が含まれるだろう。自治体の総合計画，生涯学習推進計画などのほか，市の広報資料や統計資料などが参考資料となる。

　住民の「学習ニーズ」の把握は，住民の学びたいという学習要求をプログラムに反映させるための重要な視点である。学習ニーズは，住民が自ら学びたいと感じている「要求課題」と社会や地域のなかで学ぶ必要がある「必要課題」の両方を含むものとして捉えられる。要求課題と必要課題については後述するが，要求課題となる住民の学習要求の把握は，主体的で意欲的な学習活動へとつながっていくために重要な視点である。

　また，ときには社会が求める学習ニーズである必要課題も，考慮に加えて学習プログラムの立案に結びつけていくことが求められる。こうした学習ニーズの検討と把握には，学習意識調査や過去の事業アンケートなどが参考資料となる。その際には，学習ニーズが社会の変化に伴い多様化している点に注意を払い，学習ニーズの広がりにどう対応するのかを考慮する必要がある。また，社会の成熟化に伴い求められる学習内容が高度化していることも視点に含めるとよい。中央教育審議会答申などの背景となる社会情勢やそのなかでの人々の意識の変化などについては，報道や各種統計などで意識して情報収集をしていくことで，そうした社会的背景を捉えた学習プログラム立案が望ましい。

　「教育事業の現状と課題」の把握は，その自治体において教育分野とその関連部局でそのような施策が展開されているか，そのなかでどのような事業が行われそれぞれの事業の評価はどうか。民間などで類似の事業があるかなどが含まれる。総合計画や中長期計画，施策点検票などが資料となる。重要だと思わ

れるテーマでは，類似の事業が展開されている可能性が高い。事業をより有効なものとするために，類似事業との整理統合や差別化などが求められる場合もある。

　なお，地域実態や特性にあった学習プログラム立案において，長年その地域で社会教育や学習支援にかかわっていた職員や，民間団体のスタッフなどの「経験」に基づく判断をすることもある。そうした経験は感覚的なものとして，データ以上に的確に地域特性や住民の学習ニーズをつかんでいることも多い。しかし，「経験」だけに頼るのではなく，客観的な資料やデータを活用して検討を行うことで，「なぜこの事業を行うのか」という説明が説得力をもつことになるだろう。

(3) 学習プログラム立案の実際

　学習プログラムは，一般的には「事業名」「事業の目的」「実施主体」「対象者・定員」「学習機関・学習時間（回数）」「学習場所」「学習目標」「プログラムの展開」の要素から構成される。これらの要素を検討しながら作成することで，「何のために」「誰が」「誰に」「いつ」「どのくらい」「どこで」「何を」「どのように」行うのかが明確な学習プログラムが立案できる（表3-1 参照）。

　なかでも最も重要なのは「事業の目的」であり，何のためにその事業を行うのかという点が，事業の実施からプログラム評価までの一貫した指標となる。そのため，何をするのかというテーマ設定よりも先に，「何のために」という目的の検討が十分に行われることが求められる。社会教育行政で策定する学習プログラムでは，とくに地域課題を解決してどのような地域をつくりたいのかをふまえた目的が求められる。学習プログラム立案に際して，そのほかの項目を検討するにも，そのプログラムの「目的」を常に意識したい。目的と関連するプログラムが一部のみで，プログラム全体を通しての一貫性に欠けることがないように，またその順序性に目的達成に向けての主催者の意図が反映されるように，作成されなければならない。

　事業内容を具体的に示す「プログラムの展開」においては，学習対象者の年齢が特定されていないかぎり，広い世代に対するものとして成人学習の原理に

表 3-1 「個別事業計画（学習プログラム）」作成様式

(1)	事 業 名	
(2)	事業の目的	
(3)	実施主体	
(4)	対象者・定員	
(5)	学習期間・学習時間（回数）	月 〜 月 ／ 1回の学習時間 時間× 回
(6)	学習場所	
(7)	学習目標	

(8) プログラムの展開

回	学 習 テ ー マ	学 習 の 内 容 と 方 法	学習支援者	備 考

出典：社会教育実践研究センター『平成 22 年度社会教育計画立案の技術』2011, 17 頁

したがって，学習の内容と方法が検討されるべきである。成人は自己実現や内面的充足などの「内発的動機づけ」に基づいて学習がなされることが多い。さらに，ただ知識を得られることよりも，職業上もしくは日常生活の課題解決につながる学習に意欲を示す傾向が強い。このように考えると成人の学習は，問題解決や自己実現につながる学習計画を立てなければ，対象者のニーズを満たすものになりにくいといえる。

　さらに，事業名については熟考を求めたい。学習者に内容が伝わりやすいことは重要であるが，同時に「学んでみたい」「参加してみたい」と思わせるような事業名が望ましい。学習者にとっては，「何が学べるのか」ということより，この学習に参加することで「何が出来るようになるのか」「自分の何がどう変わるのか」など，成果がみえるものが好まれる。学習対象者や扱う内容にもよるが，安易に内容のみで事業名を決めることなく，工夫をするとよい。

　しかしながら，プログラム立案の基本的な考え方に則りながらも，前述したように生涯学習がますます多様化するなかで，学習プログラム作成に関しても，

枠にとらわれることのない，柔軟な企画立案能力が求められる。

3　学習プログラムの内容選択における学習課題論

(1)　学習課題の捉え方

　学習プログラムはその目的が重要であることはすでに述べたが，目的に沿って実際にプログラムの実践を考えるにあたっての，「何を行うか」という学習内容に関する議論は，プログラムの重大な部分となる。プログラムを策定する際，学習の内容を選択するうえで参考となるのが学習課題論である。

　学習課題は「要求課題」と「必要課題」に分かれると考えることができる。「要求課題」とは学習者自身が興味や関心をもっている課題で，学習者が積極的に学びたいと思っているニーズであるのに対して，「必要課題」とは自発的には学びたいと思ってはいないが，何らかの学ぶ必要性があるものをさす。この2つの課題は「個人の要望」と「社会の要請」という言葉で表現される場合も，同じ意味合いをもつことが多い。

　1981（昭和56）年の中央教育審議会答申「生涯教育について」において，生涯教育は「各人が自発的意志に基づいて行うことを基本とするものであり，必要に応じ，自己に適した手段・方法は，これを自ら選んで，生涯を通じて行うものである」とされている。また，1996（平成8）年の中央教育審議会第一次答申「21世紀を展望した我が国の教育の在り方について」では，「地域の人々の主体性や自主性を尊重しつつ，地域の人々のニーズを的確に把握し」支援を進めるべきことが示されている。こうした文言からは，1990年代までは「個人の要望」すなわち「要求課題」を軸にして，社会教育の学習プログラムを作成していくことがめざされていたことがわかる。「要求課題」に基づく学習プログラムは，たとえば趣味・教養的なものに代表され，学習の成果も学習者自身の自己実現や余暇の充実という個人に還元されるものであった。そうした個人の学習要求に合致したプログラムを提供することで，人々の学習機会の拡大が図られたともいえる。

その後，社会の変化がますます加速するなかで，社会教育に求められる課題も変化がみられた。2003（平成15）年の中央教育審議会答申「新しい時代にふさわしい教育基本法と教育振興基本計画の在り方について」では，教育がめざすものとして「新しい『公共』を創造し，21世紀の国家・社会の形成に主体的に参画する日本人の育成」をあげ，「自分の能力や時間を他人や地域，社会のために役立てようとする自発的な活動への参加意識を高めつつ，自らが国づくり，社会づくりの主体であるという自覚と行動力，社会的正義を行うために必要な勇気，『公共』の精神，社会規範を尊重する意識や態度などを育成していく」ことを表明している。そして2008（平成20）年の中央教育審議会答申「新しい時代を切り拓く生涯学習の振興方策について」では，「個人の要望」と「社会の要請」のバランスの視点に配慮して施策を実施するように求めた。1992（平成4）年の生涯学習審議会答申で示された「現代的課題」（次項参照）の重要性にもふれ，具体的には「各個人がそれぞれの趣味・教養等の生きがいを大切にする充実した人生や人間的なつながりを育むなどの人間的価値の追求を行う視点」「地域社会の構成員としての責任を果たす地域の人材の育成等の社会的価値の追求を行う視点」「各個人が経済的に豊かな社会生活を送ることができるよう職業能力等の向上を図ることや国民一人一人の能力の向上により社会全体の発展を図る等の経済的価値の追求を行う視点」のバランスが重要であるとされた。

　そのため，学習プログラムの立案に際しては，住民の学習ニーズのみならず，「必要課題」である地域課題や住民のライフステージに合わせて豊かな人生のために「学ぶべき課題」も内容の議論に含めて，バランスよく事業を展開することが重要となる。

(2) 現代的課題

　「現代的課題」とは，1992（平成4）年の生涯学習審議会答申「今後の社会の動向に対応した生涯学習の振興方策について」のなかで取り上げられた言葉で，「社会の急激な変化に対応し，人間性豊かな生活を営むために，人々が学習する必要のある課題」とされている。具体的な現代的課題としては，「生命，健康，

人権，豊かな人間性，家庭・家族，消費者問題，地域の連帯，まちづくり，交通問題，高齢化社会，男女共同参画型社会，科学技術，情報の活用，知的所有権，国際理解，国際貢献・開発援助，人口・食糧，環境，資源，エネルギー等」があげられている。答申ではまた，そうした課題に対応するために，「自ら学習する意欲と能力を養い，課題解決に取り組む主体的な態度を養っていくことが大切である」としている。

　先にあげた「個人の要望」と「社会の要請」という課題の捉え方をするならば，現代的課題は「社会の要請」の性質を強くもっている課題だといえる。同答申では，さらに「現代的課題」について「学習者が学習しようと思っても学習機会がなかったり，自己の学習課題に結びつかなかったり，学習課題として意識されないものも多い」と指摘している。

　事実，社会教育行政などが提供する学習機会は「個人の要望」を反映した内容が偏重され，現代的課題を含む「社会の要請」をふまえたものが少ない傾向がある。その要因となるのは，「個人の要望」に沿うものを事業として展開するほうが，より参加者を集め，学習者の満足度を高めるのが容易だからだ。実際に，2018（平成30）年の調査では，「これから学習するとすればどのようなことを学習したいですか」との質問に対して，最も多いのが「趣味的なもの（音楽，美術，華道，舞踊，書道，レクリエーション活動など）」で39.3％，続いて「健康・スポーツ（健康法，医学，栄養，ジョギング，水泳など）」が34.0％となっており，上位に「個人の要望」に即した学習内容がきている[3]。それに対して，「社会の要請」にあたる「社会問題に関するもの（社会・時事，国際，環境など）」は15.4％にとどまっている。2005（平成17）年の同調査での「社会問題に関するもの」が13.1％であったので，わずかに関心が高まっているものの，答申でも指摘されているように「社会の要請」は学習者の学習ニーズとして意識されにくい。そのため，学習プログラムにおいて，より学習者の関心をひき，自らが主体的に学習に取り組むモチベーションをつくり上げるための，学習プログラムの工夫が不可欠である。

(3)「生活課題」と「発達課題」

　現代的課題のほかにも，学習プログラムにおける「何を行うか」という学習内容を選択・決定する際の基準となる学習課題の代表的な視点として「生活課題」や「発達課題」があげられる。

　「生活課題」とは，生活のなかで解決しなければならない課題である。学習者個人の日常生活の経験のなかで自覚されることが多いため，要求課題と捉えられるテーマが多く含まれる。しかし，特定のライフステージにおける生活課題は発達課題と深くかかわるものもあれば，人権や環境などの現代的課題に含まれるテーマが生活のなかで課題として意識されることもあり，単純に「イコール要求課題」と捉えることはできない。生活課題は，身近な問題であるために学習者の関心が高いことが特徴だ。そのため，学習プログラムにおいて，そのテーマを学習者の生活と関連づけて学習成果が日常生活に還元されることを意識させることが求められる。さらに，学習を通して学習者が，自身の生活のなかで課題を見つけ設定できるような視点をつけることができるような支援がのぞまれる。

　つぎに，「発達課題」とは，ライフサイクルの各時期に達成や獲得が期待されている課題をさす。発達段階としては，乳幼児期，青少年期，成人期，中年期，高齢期などがあり，それぞれの段階とその過渡期において想定される課題がある。代表的な発達課題論には，ハヴィガースト（Havighurst, R.J.）の生涯発達課題論やエリクソン（Erikson, E.H.）の心理・社会的発達論などがあげられる[4]。ハヴィガーストは，生涯の各発達段階における身体的成熟，社会文化的に規定されるもの，個人の価値観や選択によるものについて課題を設定している。また，エリクソンは，各発達段階で社会・心理的課題と危機，課題達成によって獲得されるものを示している。

4　生涯学習の学習課題に関する新たな視点

（1）人づくり・つながりづくり・地域づくり

　2018（平成30）年中央教育審議会は「人口減少時代の新しい地域づくりに向けた社会教育の振興方策について」（答申）を出し，人口減少や高齢化をはじめとする多様な課題の顕在化や，急速な社会経済環境の変化を背景に，これからの地域においては，住民が主体的に地域課題や変化に対応することの必要性を提起した。そして，地域における社会教育のめざすべきあり方として，「『社会教育』を基盤とした，人づくり・つながりづくり・地域づくり」をあげている。住民一人ひとりが個人の問題意識や関心をきっかけとして主体的に学習に参加し，知的欲求の充足や自己実現を達成するのが「人づくり」の側面であり，相互学習を通じた住民同士のつながり意識の醸成や絆の強化が「つながりづくり」の側面となる。そうした「人づくり」「つながりづくり」を前提として，住民に生まれる地域に対する愛着や誇り，帰属意識が育まれ，持続的な地域課題の解決につながる「地域づくり」の側面となる。さらに，学習の成果を個人で完結させることなく積極的に地域に活用していき，その充実感がさらなる学びへのモチベーションとなり新たな課題へと取り組んでいくような「持続的な学びと活動の循環」につながることが期待されている。

　このように，「持続的な学びと活動の循環」をつくり出すためには，まず「人づくり」となる住民の主体的な学習への参加が起点となるが，多くの人にとって，実際に学習に参加するには何らかのきっかけが必要となる。そのためにも，住民にとって身近で目的を共有しやすいテーマを選択し，それぞれの経験や知恵を出し合うことで能動的に課題解決に取り組んでいけるような活動を促進することが有効だとされる。具体的には，まちづくりの議論や地域活動に幅広い世代を巻き込む工夫や，親子参加型イベントなどの子育て世代が参加しやすい活動の導入，地元企業との連携による社会教育活動への参加促進などがあげられている。

　また，こうした住民の主体的な学習活動の実現のためには，社会教育行政担

当部局のみで完結しがちな「社会教育」の壁を打ち破り，多様な主体との連携・協働を実現することが重要とされる。首長部局やNPO，大学や専門学校，民間事業者などにおいても，それぞれの専門性を活かした社会教育活動が展開されているにもかかわらず，これらの団体等は，教育委員会や社会教育関係団体とのつながりをもっていないことが多く，その活動が実質的に社会教育に該当するものであっても，自らの活動を社会教育と認識していない場合もある。多様な主体がつながるネットワーク型行政の実質化に本格的に取り組むことで，学習者の多様なニーズを的確に捉え，それに対応した学習機会の提供が可能になるだろう。

(2) 誰一人取り残さない社会の実現

今後，さらに学習プログラム立案に際して留意すべき点として議論が進められているのが，「命を守る」「ICT活用」「若年層の地域・社会参画」である。この3つのポイントは，2020（令和2）年に取りまとめられた「第10期中央教育審議会生涯学習分科会における議論の整理」として提起されたものだ。この文書には，「多様な主体の協働とICTの活用で，つながる生涯学習・社会教育—命を守り，誰一人として取り残すことのない社会の実現へ—」というタイトルがつけられている。議論の社会的背景としては従来の地域活性化とそのための社会教育の重要性に加えて，人生100年時代のなかで転職などの機会増大をふまえた学びの場の確保の必要性や，Society5.0に向けた新しい技術を活用した学びのあり方への対応などがあげられている。

「命を守る」生涯学習・社会教育は，感染症や自然災害などの課題に対し，必要な知識を得たり課題解決に向けてともに学び合ったりする機会の充実をめざすものだ。「誰一人として取り残さない」ために，あらゆる人に必要な学びの機会を設けることが重要となる。

「ICT活用」は，新しい技術を活用した「オンライン学習」と「対面学習」を組み合わせることで，豊かな学びを実現させることがめざされている。そのためには，ICT活用能力が生きていくための命綱ともなり得ることから，「デジタル・デバイド解消」すなわちICT機器を利用できるものとできない者の

格差の解消をめざす。

「若年層の地域・社会参画」は，子ども・若者が地域の課題解決に主体的にかかわることが重要であるとして，社会教育と学校教育の区分を超えての充実がめざされている。

(3) 学習プログラム立案のための資質・能力

文部科学省が2018（平成30）年に公布した「社会教育主事講習等規程の一部改正をする省令」が2020（令和2）年4月から施行された。この改正では，社会教育主事が，NPO，企業などの多様な主体と連携・協働して社会教育事業の企画・実施による地域住民の学習活動の支援を通じて，人づくりや地域づくりに中核的な役割を担うことができるよう，社会教育主事の職務を的確に遂行しうる基礎的な資質・能力を養成することを目的としている。

このため，新たな「社会教育主事養成」では，多様な主体と連携・協働を図りながら，学習成果を地域課題解決などにつなげていくための知識・技能の習得を図る「社会教育経営論」と，学習者の多様な特性に応じた学習支援に関する知識および技能の習得を図る「生涯学習支援論」が新設された。

また従来は「社会教育特講」で扱われていた現代的課題については，一部を「生涯学習概論」や「生涯学習支援論」のなかで扱うが，基本的には各自治体が実施する現職研修において扱われることになった。すなわち，講義形式で現代的課題に関する現状や課題を学ぶ形式から，密接に地域に関連した研修プログラムの形式へと変更されたのだ。

こうしてみると，この改正はまさに学習ニーズの多様化に対応するものといえる。急激に変化し，複雑化が進む社会において学習者個人の学習ニーズも地域における必要課題も多様化がますます進むだろう。現代的課題のなかには，正解がない課題に対して，住民が対話や議論を通して最適と思われる解決を探るプロセスが必要なものも多い。生涯学習支援には，実情を的確につかんだ課題やテーマの設定と，多様性に耐えうる柔軟な学習プログラムの立案が今後ますます求められていくだろう。

【野村　和】

44

【注】
1) 文部科学省は生涯学習社会の実現のための取り組みとして，国民一人ひとりが生涯を通して学ぶことのできる環境の整備，多様な学習機会の提供，学習した成果が適切に評価され，それを生かしてさまざまな分野で活動できるようにするための仕組みづくりなどをあげている。文部科学省『令和元年度文部科学白書』84頁．
2) 社会教育計画及び学習プログラム立案については，国立政策研究所，社会教育実践研究センター『社会教育計画策定ハンドブック』2012年に詳しい。
3) 平成30年度「生涯学習に関する世論調査」(内閣府)．
4) 本文で取り上げた発達課題について詳細は以下に詳しい。R.J.ハヴィガースト／荘司雅子訳『人間の発達課題と教育』玉川大学出版部，1995；E.H.エリクソン／西平直・中島由恵訳『アイデンティティとライフサイクル』誠信書房，2011．

キーワード

学習内容　学習プログラム　学習課題　現代的課題　個人の要望と社会の要請
人づくり・つながりづくり・地域づくり　誰一人取り残さない社会の実現

この章を深めるために

(1) 生涯学習を行う組織・団体を1つ取り上げ，年間を通してどのような内容の事業が行われているか調べてみよう。
(2) ある自治体の社会教育担当職員になったと想像し，地域特性，予算，実施機関などの諸条件を設定したうえで，公開講座の企画案を策定してみよう。

【参考文献】

香川正弘・三浦嘉久編著『生涯学習の展開』ミネルヴァ書房，2002
パトリシア・A・クラントン／入江直子・豊田千代子・三輪建二訳『おとなの学びを拓く―自己決定と意識変容をめざして』鳳書房，2002
鈴木眞理・松岡廣路編著『社会教育の基礎』学文社，2006

第*4*章　生涯学習支援制度論

1　第二次世界大戦後の社会教育行政の展開

（1）社会教育行政の基本的役割

　今日の社会教育と社会教育行政は，第二次世界大戦後に GHQ の指導のもと，民主主義思想の普及と国民の自主的・自発的な学習活動の振興を基本に据え，その体制整備が図られたことが基底となっている。

　1947（昭和 22）年に教育基本法が制定され，1948（昭和 23）年には教育委員会法，1949（昭和 24）年に社会教育法が制定されて以降，国および地方公共団体の社会教育行政の役割は，旧教育基本法第 10 条第 2 項の「条件整備」[1)]，社会教育法第 3 条第 1 項の「環境醸成」の規定に基づき，行政組織や公民館などの社会教育施設の整備が進められた。さらに，社会教育法は，1951（昭和 26）年と 1959（昭和 34）年に大きな改正が行われ，社会教育行政の性格と基礎的な制度が形づくられた。

　それは，①社会教育行政は「条件整備」「環境醸成」に基本があること，②地域の実情に応じて展開される地方分権の考え方に立つこと，③社会教育の拠点として社会教育施設を位置づけていること，④専門職員として教育委員会事務局に社会教育主事を配置すること，⑤社会教育関係団体の活動を振興すること，⑥行政は「求めに応じ」て展開することの 6 点に整理[2)]できる。とくに，②については，社会教育行政は，住民の意思を多面的に反映し，また住民の参加を得つつ遂行することを想定しており，その具体的な制度として，地方教育行政においては社会教育委員や公民館運営審議会などの制度を構想した。

　このような社会教育行政の性格と基礎的な制度は，人々の各種・多様な自発

的な学習をどのように促進・援助し支援しようとするのだろうか。社会教育行政が実際に行う施策は，公民館や図書館，博物館などの社会教育施設の設置・運営，各種の学級・講座の開設など学習機会の提供，集会・行事等の開催などの直接的なものがあげられる。また，指導者研修，社会教育に関する情報の提供，物資の提供，補助金の交付などの間接的なものがある。ごく一部に制限や規制の規定はあるが，社会教育行政の性格が非権力的なもので，繰り返しになるが，「条件整備」「環境醸成」を基本としている。

　もう1つ，重要な原則として，「指導・助言行政」があげられる。社会教育行政は，社会教育施設や社会教育関係団体に対して指導・助言を行うことが規定されている。また，社会教育主事が社会教育を行う者に専門的技術的な助言と指導を与えること（社会教育法第9条の3）が社会教育主事の職務として規定されている。これには命令・監督が禁止されており，社会教育法制定以前，つまり第二次世界大戦前の公権力によるイデオロギー注入の性格を色濃く有していた社会教育行政のあり方を反省し，人々の自発的学習を促進・援助に徹するという戦後の社会教育行政の原則が顕著に表れている点である[3]。

(2) 地方社会教育行政の役割

　社会教育行政は，「環境醸成」「指導・助言行政」とあわせ，「地方分権主義」を原則としている。現在の国と地方公共団体の関係は，地方自治法に規定されており，教育基本法でも第16条で規定している。また，社会教育法第4条でも市（特別区を含む。以下同じ）町村，都道府県に対する援助などが国に課せられた任務であり，国とは相対的に独立している地方公共団体が主たる社会教育行政の担い手であることを示している。

① 地方公共団体の事務

　地方公共団体の社会教育行政の事務は，社会教育法第5条で市町村教育委員会の，第6条で都道府県教育委員会の事務が，「当該地方の必要に応じ，予算の範囲内において」という条件が付されたうえで規定されている。

　市町村は，住民の最も身近な行政機関として，地域の特性や住民ニーズに基づいた社会教育行政を展開することがその責務となる。具体的には，社会教育

法第5条に19項目が例示されている。主なものは，社会教育に必要な援助，社会教育委員の委嘱，公民館の設置・管理，図書館・博物館・青年の家その他の社会教育施設の設置・管理，各種の講座の開設や講演会など集会の開催とその奨励，社会教育資料の刊行配布，視聴覚教育・体育・レクリエーションに必要な設備・器材・資料の提供，情報の交換および調査研究などである。

　また，都道府県は市町村を包括する広域的な地方公共団体として，市町村事務のうちの公民館に関するものを除いたすべての事務に加えて，公民館・図書館の設置・管理に関する必要な指導・調査，社会教育を行う者の研修のための施設の設置・運営や講習会の開催・資料の配布など，域内の社会教育行政の充実および水準向上に向けて，補完性，広域性，先駆性，先導性，指導性などの観点から取組を展開することが期待される。

　このように，地域住民の社会教育活動を援助する社会教育行政は，地域住民に最も身近な市町村教育委員会の役割が最も大きい。市町村の現状をみると，地方公共団体の地理的条件や財政規模などの条件による地域間で水準較差が生じているといえるが，国や都道府県の社会教育行政施策の充実の度合いが市町村の社会教育行政にあらわれる面もあると考えられる。

　②国の事務

　文部科学省設置法第4条に規定される所掌事務には，生涯学習に係る機会の整備の推進，社会教育の振興に関する企画および立案，ならびに援助および助言，社会教育のための補助，青少年教育に関する施設において行う青少年の団体宿泊訓練，通信教育および視聴覚教育，家庭教育の支援などが列挙されている。具体的には，社会教育に関する基本法令や制度の整備，政策的な課題の明示と施策方針の提示，一定の水準確保のための基準やガイドラインの策定，国立の社会教育施設の設置・運営，全国的な観点からの特色ある活動事例などの情報収集・提供，調査研究，専門職員対象の研修など各種の研修会の実施などである。

　これまで述べてきたように，社会教育行政は地方分権主義を原則としている。そこから考える国の役割は，主には人々の社会教育活動が活発に行われるよう

に地域住民に身近な地方公共団体の社会教育行政への援助，それもまずは全国的な水準向上をめざした基盤整備への援助，次に地域の実情に応じた取組の伸長への援助ということになるだろう。

2　生涯教育の理念の導入と社会教育行政の量的拡大

（1）生涯教育理念の導入による社会教育政策の充実

　1950年代半ばから始まった高度経済成長は，1960年代に入ると工業化，都市化が進展し，都市構造が急速に変化していった。また，出生率低下と平均寿命の伸長に伴う人口構造の変化，核家族化，都市化，高学歴化，工業化，情報化，国際化などの社会構造の変化に伴って，人々の学習要求が多様化するなか，社会教育審議会は1971（昭和46）年に「急激な社会構造の変化に対処する社会教育のあり方について」を答申した。この答申は，国の審議会として初めて生涯教育の理念を導入し，社会教育の重要性と可能性を示唆したこと，社会教育について「国民の生活のあらゆる機会と場所において行われる各種の学習活動を教育的に高める活動を総称するものとして，広く捉えるべき」と提起したこと，ライフサイクルに即した教育課題，教育の方法，団体・施設・指導者のあり方などについて，社会教育振興に向けて総合的・体系的に明示する内容としており，以後の国および地方公共団体の社会教育施策の方向性を示すものとなった。

　とくに，この答申で当面の重点として掲げられた社会教育施設の整備と指導者の充実については国の取組が強化され，公立社会教育施設の整備への国庫補助金額と，社会教育推進体制の整備に向けた人的な充実の取組が図られた。

（2）政策課題としての生涯学習振興

　1971（昭和46）年の社会教育審議会で「生涯教育」の考え方が導入されたものの，国の政策課題に位置づくのは1981（昭和56）年に中央教育審議会（以下，中教審）から「生涯教育について」が答申されてからのことである。この答申では，人生の各時期の教育の態様を示し，生涯教育と生涯学習について視点の

違いによる定義づけがなされた。そして，条件整備の方向性として学習情報提供・相談体制の充実，生涯教育関係機関の連携・協力体制の促進，生涯教育への国民の理解の促進などを示し，推進方策として，家庭の教育機能低下に対する援助方策，学校教育における生涯教育の観点の重視，学校の開放，社会教育事業の拡充，勤労者のための教育・訓練，高齢者の社会参加促進の充実などが示された。

　また，首相の私的諮問機関として，1984（昭和59）年に臨時教育審議会（以下，臨教審）が設置され，「個性重視」「生涯学習体系への移行」「変化への対応（情報化・国際化等）」を教育改革の視点として打ち出し，4次にわたる答申がされた。生涯教育に関しては，学習者の視点に立ち「生涯学習」という表現を一貫して用い，とくに第2次答申では，「生涯学習体系への移行」に向けて，生涯にわたる学習機会の整備や生涯学習のための家庭・学校・社会の連携の必要性などを強調するとともに，「社会の教育の活性化」として，自主的な学習活動の促進や生涯職業能力開発の総合的推進が提言された。

　臨教審の答申をふまえ政府は，1987（昭和62）年に「教育改革推進大綱」を閣議決定し，翌年には文部省の機構改革により，社会教育局を「生涯学習局」に改組拡充し，国策としての生涯学習振興政策が本格的に始動することとなった。

　さらに，1990（平成2）年，中教審は，「生涯学習の基盤整備について」答申し，生涯学習の推進体制整備，地域における生涯学習推進の中心機関等設置，生涯学習活動重点地域の整備，民間教育事業の支援のあり方などについて提言し，都道府県や市町村ではこれらをふまえた生涯学習振興の方策が構想・展開された。さらに同年制定の「生涯学習の振興のための施策の推進体制等の整備に関する法律」（生涯学習振興法）に基づいて設置された生涯学習審議会が，1992（平成4）年に「今後の社会の動向に対応した生涯学習の振興方策について」答申し，社会人を対象としたリカレント教育，ボランティア活動の支援・推進，青少年の学校外活動の充実，現代的課題に関する学習機会の充実を提言した。

　文部省の生涯学習振興の施策・事業面では，生涯学習推進体制の整備，生涯

学習フェスティバルの開催，学習情報提供・相談体制の整備，生涯学習施設の連携・協力の推進，単位制高校の設置，文教施設のインテリジェント化の推進化などを展開した。さらに1995（平成7）年には，職業能力の開発・向上，社会福祉，まちづくり，地域振興などの各省庁の行政目的の達成に向けて生涯学習の観点を取り入れた事業が14関連省庁で取り組まれていた。

こうした国の施策展開に誘導され，たとえば，都道府県の行政組織では1998（平成10）年には42都県で生涯学習主管課が教育委員会事務局を中心に設置される状況[4]にあり，多くの都道府県や市町村で生涯学習審議会など設置，生涯学習推進計画策定，生涯学習推進本部など庁内横断組織の設置，県（市町村）民カレッジなど実施，生涯学習情報提供システム整備など，生涯学習振興に向けた行政体制および基盤整備の取組を展開し，都道府県や市町村によってはまちづくりや高齢化，リーダー育成などの地域や社会の課題と結びつけた積極的な生涯学習振興施策が進められた。

(3) 社会教育行政の位置づけの希薄化

このように，1980年代後半から1990年代半ばにかけて，国による生涯学習振興施策が積極的に展開され，都道府県や市町村でも，多様な学習機会の量的な拡充と，そのための体制整備に取り組まれた。そして，学習機会拡充の中心的施策は，成人対象の社会教育事業の拡大という方策がとられた。また，当時のいわゆるバブル経済との時期とも重なり，多機能化をめざした生涯学習センターの建設や，高額な予算をかけた生涯学習情報提供システムの開発なども行われた。生涯学習推進計画の策定や推進体制の整備，多様な学習機会の提供，地域団体などとの連携などの成果をあげた取組があったものの，「社会教育講座」が「生涯学習講座」に，あるいは「市民文化祭」が「生涯学習フェスティバル」にと，単に事業名称を変更しただけと見受けられるものも少なくなかった。

1965（昭和40）年にユネスコの世界成人教育会議で提唱された「生涯教育」という考え方・理念が，日本では学習者の視点に立ち「生涯学習」という言葉が用いられたことによって，“個人の自発的な意思に基づいて自由に行う学習”

という点がとりわけ注目され，また，「社会教育課」を「生涯学習課」に名称変更するなどして，「社会教育」という用語が行政組織や事業で用いられなくなっていった。

　当時の生涯学習振興政策は，「生涯学習」という用語を国民や行政職員にも広く知れ渡らせることとなったが，他方で，「生涯学習」の考え方や捉え方の正しい理解が普及できなかった。そのため，生涯学習の振興が総合行政としての課題であることをことさら強調すれば教育行政の専管事項ではなく，所管課を企画・財政あるいはまちづくりなどの首長部局に設置して取組が進められ，結果として社会教育（行政）の位置が相対的に後退していくこととなった。また，生涯学習振興の中核は社会教育と位置づけその所管課を教育委員会事務局においたところでも，「社会教育課」を「生涯学習課」へと書き換えただけのところも少なくなく，行政全体の生涯学習に関する連絡・調整機能の発揮と，教育委員会事務局の1つの課に位置づくことによる教育行政内の連絡調整機能をもつ部署との役割の違いが明確にされず，教育行政内における生涯学習や社会教育を所管する行政の位置づけの希薄化をもたらした。

3　地方分権・教育改革の推進と社会教育行政

(1) 地方分権改革の進展と社会教育法等の改正

　1990年代前半から進められた国による地方分権改革は，社会教育行政にも大きな影響を及ぼした。1997年度には公立生涯学習施設整備費補助金の廃止，翌1998年度には派遣社会教育主事に対する国の助成制度の廃止・一般財源化などを行い，それまで地方公共団体の社会教育行政の基盤を形成していた補助金などが次々と廃止となった。

　続いて2001（平成13）年には，前年の「教育改革国民会議」の報告を受けて社会教育法改正が行われ，地方分権改革関連では，社会教育主事となるための実務経験および社会教育主事講習の受講資格の要件が緩和され，2003（平成15）年には「公民館の設置及び運営に関する基準」（1959年告示）が全面的に改

正された。

また，2008（平成20）年には，①社会教育主事資格取得に必要な実務経験の範囲のさらなる拡大，②地方公共団体が社会教育関係団体に補助金交付する際に義務づけられている社会教育委員の会議への意見聴取の例外を規定，③公民館の運営状況に関する評価および改善ならびに地域住民らに対する情報提供の追加などの改正が行われた[5]。

さらに，2013（平成25）年の改正では，社会教育委員の委嘱基準は地方公共団体が条例で定めることとなり，その定める基準は省令で定める基準を参酌することとなった。続いて，2018（平成30）年12月に閣議決定された，「平成30年の地方からの提案等に関する対応方針」をふまえ，社会教育法・図書館法・博物館法などが改正され，事実上，公立社会教育施設の設置，管理および廃止に関する事務について，地方公共団体の判断で，条例により，教育委員会から地方公共団体の長へ移管することが可能となった。

以上のように，社会教育行政の基本的な性格を具体的な制度にした規定は，近年の地方分権推進の観点から緩和あるいは廃止が行われてきた。一連の社会教育法などの改正は，現代の社会状況に合わせて，まさに「当該地方の必要に応じ」て地方公共団体ごとにさまざまな創意工夫に取り組むことを一層期待してのものと考えられるが，地域住民が社会教育行政に参加する制度を法規定していたものが，法令の規定を国による関与や法的規制とみなすことに力点がおかれ，結果として社会教育行政が備えていた地方分権的性格を薄める改正ともなったと考えられる。

(2) 教育改革と連携・ネットワーク化

地方分権改革の動きのなか，教育改革も同時に進められた。1996（平成8）年7月と1997（平成9）年6月に，中央教育審議会から二次にわたり「21世紀を展望したわが国の教育の在り方について」答申された。以後文部省は，答申に沿って，いわゆる「ゆとり教育」の推進を図り，開かれた学校づくり，学校週5日制対応の社会教育関係事業の充実など，社会全体で子どもを育てるための体制整備を積極的に進めることとなった。また，地方分権が進められるなかで，

民間教育事業者との連携も視野に入れた「連携・協力，ネットワーク」が教育
改革の重点課題の1つとなっていく。

　1996（平成8）年，生涯学習審議会は「地域における生涯学習機会の充実方策
について」答申し，地域住民の多様化・高度化する学習ニーズに対応するため，
「社会に開かれた高等教育機関」や「地域社会に根ざした小・中・高等学校」
など学校教育の地域社会への積極的な貢献などについて提言した。さらに，社
会教育に関しては，民間との連携強化とともに，学校教育との連携・協力の方
向性として「学社融合」[6)]という概念を提言した。

　さらに1998（平成10）年9月の生涯学習審議会答申「社会の変化に対応した
今後の社会教育行政の在り方について」では，地域住民の多様化・高度化する
学習ニーズへの対応，生涯学習社会の構築に向けた社会教育行政，地域社会お
よび家庭の変化への対応，地方分権・規制緩和の推進，民間の諸活動の活発化
への対応を指摘したうえで，「これからは，広範な領域で行われる学習活動に
対して，さまざまな立場から総合的に支援していく仕組み（ネットワーク型行政）
を構築していく必要がある」と指摘し，「社会教育行政は生涯学習振興行政の
中核として，積極的に連携，ネットワーク化に努めていかなければならない」
と述べた。

　以後，社会教育と学校教育の連携や，文部省と他省庁との連携施策が模索さ
れていく。国は，2002年度からの完全学校週5日制の実施に向けて，子ども
たちの多様な体験活動の機会の充実を図るため「全国子どもプラン（緊急3か
年計画）」を策定し，環境庁（現環境省），農林水産省，林野庁，通商産業省（現
経済産業省），科学技術庁（当時）の生涯学習関連施策との連携を進めた。

(3) 民間の手法を活用する行政改革の推進

　さらに，行政改革も進められ，地方公共団体の運営のあり方の改革も加速化
していく。1999（平成11）年に「民間資金等の活用による公共施設等の整備等
の促進に関する法律」（通称：PFI法）が成立し，地方公共団体でも民間資金を
活用して民間に施設整備や管理運営を委ねるPFI（Private Finance Initiative）の
手法を採用し社会教育施設を整備するところも現れた。さらに，2003（平成

15) 年に地方自治法が改正され，指定管理者制度が導入された。一般的には，公的施設の運営に民間手法を取り入れるもので，利用者側に利便性の高い施設運営が可能となること，管理運営費の削減により地方公共団体の経費縮減などの利点があると考えられ，公民館，図書館，博物館など社会教育施設でも指定管理者制度が導入されるようになった。指定管理者制度を新たに導入あるいは導入後の契約更新の検討の際には，改めて利用者である地域住民の立場に立ち，社会教育施設の目的に沿った施設の運営方法のあり方の検討が期待される。

4 教育基本法の改正と生涯学習振興，社会教育行政

(1)「新しい公共」と社会教育

2000（平成12）年1月，「21世紀日本の構想」懇談会の報告書「日本のフロンティアは日本の中にある―自立と協治で築く新世紀―」のなかで，「新しい公共」の考え方が示された。この考え方は教育の分野にも拡がり，2002（平成14）年の中教審答申「青少年の奉仕活動・体験活動の推進方策等について」で初めて「新たな『公共』」という表現が用いられ，2003（平成15）年の同答申「新しい時代にふさわしい教育基本法と教育振興基本計画について」においても，「新しい『公共』を創造し，21世紀の国家・社会の形成に主体的に参画する日本人の育成」を提言した。とくに，「これまで日本人は，ややもすると国や社会は誰かがつくってくれるものとの意識が強かった。これからは，国や社会の問題を自分自身の問題として考え，そのために積極的に行動するという『公共心』を重視する必要がある」と提起し，21世紀の教育がめざす目標の1つとして掲げた。

これをふまえ，2006（平成18）年に改正された教育基本法では，前文に「公共の精神を尊び」と掲げるとともに，第2条第3号に教育の目標の1つとして「公共の精神に基づき，主体的に社会の形成に参画」する態度を養うことが規定された。

「新しい『公共』」の視点や考え方は，教育基本法の改正をふまえ，学校教育

関連法および社会教育関連法の改正に反映されていった。

(2) 教育基本法改正における生涯学習・社会教育に関する規定

旧教育基本法は，わが国の教育の基本理念と基本原則を定めた法律で，第二次世界大戦直後の1947（昭和22）年に制定され，社会教育行政制度の整備だけでなく，6・3・3・4の学校教育体系の導入，義務教育無償制度，教育委員会制度の創設など，わが国の新しい教育制度が形づくられ，日本の復興・発展に大きな貢献をしてきた。しかし，時代の変化に伴って，規範意識の低下，子どもたちの基本的生活習慣の乱れや学ぶ意欲の低下，いじめ，不登校，家庭や地域の教育力の低下などさまざまな教育にかかわる問題が生じる状況を迎えていた。これらの問題を解決し，時代の変化や社会状況に即した教育改革を行うために，2006（平成18）年12月，制定後約60年が経過して初めて改正，それも全面改正された。

その改正では，第3条に「生涯学習の理念」が新設され，生涯学習社会の実現を教育の重要な基本理念として掲げた。また，社会教育に関しては，第12条第1項で定義を行い，第3条とあわせて生涯学習と社会教育の考え方がある程度整理された。また，旧法の条文から「家庭教育」を分離するとともに，「勤労の場所」を削除し，社会教育の性格を示す規定として「個人の要望や社会の要請にこたえ」が新たに加えられた。

さらに，第13条「学校，家庭及び地域住民等の相互の連携協力」が新設され，学校・家庭・地域社会の三者が，自らの役割と責任を自覚し，相互の連携・協力に努めることが規定された。

(3) 教育基本法改正に伴う社会教育法改正

教育基本法改正後の2008（平成20）年，中教審は「新しい時代を切り拓く生涯学習の振興方策について」答申した。この答申では，新しい時代に対応した自立した個人や地域社会の形成に向けた生涯学習振興・社会教育の必要性・重要性を確認したうえで，施策の方向性を「国民一人一人の生涯を通じた学習の支援」と「社会全体の教育力の向上」の2つを示し，幅広く提言している。とくに，改正教育基本法に「学校，家庭及び地域住民等の相互の連携協力」が規

定されたことに伴い，社会教育行政を「学校教育として行われる教育活動を除いた組織的な教育活動を対象とする行政」と改めて確認し，学校教育と社会教育との連携推進を社会教育行政の任務として位置づけることが必要であると提言した。

2008年6月，社会教育法は，地方分権改革関連の改正および教育基本法改正ならびに中教審答申をふまえ，社会教育行政および社会教育主事に関する次の部分が改正された。

①国及び地方公共団体の任務（第3条）に，学習の機会の提供等により生涯学習の振興に寄与すること，学校，家庭及び地域住民等の連携・協力の促進に努めることを規定追加

②教育委員会の事務（第5条）に，家庭教育に関する情報の提供，情報化に対応した情報の収集・利用等に関する学習機会提供，学齢の児童・生徒に対して授業終了後等に学校等を利用して行う学習機会提供，学習成果を活用した教育活動等の機会提供を規定追加

③社会教育主事の職務（第9条の3）に，学校が社会教育関係団体等の協力を得て教育活動を行う場合，その求めに応じた助言を可能とする規定追加

(4) 社会教育行政の新たな役割の規定

改正教育基本法は，学校教育・家庭教育・社会教育の全領域に「それぞれの役割と責任」を果たしたうえでの相互の連携・協力を求めている。連携・協力によってめざすものは，それぞれの領域における目的の実現であるとともに，それぞれの教育の目的と目標を三者で共有化し推進することである。

社会教育法第3条第3項に上述の「（社会教育は）学校，家庭及び地域住民その他の関係者相互間の連携及び協力の促進に資する」と追加されたのは，内容や手段などに広がりがある社会教育の特質を生かして，弾力的な手法を用いて連携・協力の積極的な役割を果たすことが期待されてのことである。また，第5条に学習の成果を生かしうる事業の実施および奨励が追加規定されたことは，社会教育行政への新たな役割が法的に位置づけられたものである。さらに，第9条の3第2項に社会教育主事の職務に学校に対する職務が追加規定されたこ

とも社会教育行政の新たな役割をより積極的に展開する体制を意図したものである。

　国による学校教育と地域住民などとの連携促進の取組は，教育基本法改正以前から，社会教育における取組も含めて積極的に進められてきた[7]。これらの取組を一層推進するために，その方向性を教育基本法などにうたうことで法的な裏付けを与えたものだといえよう。

5　生涯学習・社会教育における学習支援

　「今日の社会教育に関連する現象は，社会教育への高い期待と社会教育行政の危機が併存している点に特徴がある」[8]という指摘がある。この指摘は，現時点の状況をかなり的確に表しているものといえよう。

　これまで述べてきたように，生涯学習振興の中核は社会教育だと考えられながら，社会教育行政に関するさまざまな制度は社会の動きに沿った改革が求められ，地方分権改革などの動向に随従するように変更され，制度そのものが弱まってきている。そのことは，社会教育法の背景にある戦後の社会教育がめざしてきた地域住民の主体的な学習活動を支援するという姿が，今日の行政内部に "脈々と引き継がれる" ような状態で理解されてこなかったとも考えられる。

　ところで，生涯学習や社会教育の領域で近年よく使われる言葉に「支援」がある。もともとは障害者や生活困窮者の自立への支援という福祉の領域で用いられるようになった言葉だと考えられるが，1990年代の国の生涯学習振興政策の展開以降，援用されてきているのだろう。

　支援はsupportの和訳であるが，類義語には援助，補助といった言葉があり，社会教育の領域では，物資やお金，情報，場所・空間などが法規定されている支援としてあげられるし，学習相談によって学習に対する "やる気" を引き出すような精神的な支援もある。さらには，地域住民に対して第一義的に学習活動の支援を行う市町村行政を支援する都道府県行政の取組のように中間支援的で，住民にはみえにくい支援もある。

支援の定義の1つに「何かの意図を持った他者の行為に対する働きかけであり，その意図を理解しつつ，行為の質を維持・改善する一連のアクションのことをいい，最終的に他者のエンパワーメントをはかる（ことがらをなす力をつける）ことである」[9]というものがある。支援は，他者への働きかけを前提として，支援する側と支援される側という対の関係で意味をもつ行為である。そして支援する側は支援される側の意図を理解し，支援される側の内面に活動などの質の維持・改善・向上に向けた力をつけることである。

　社会教育施設を含めて，社会教育行政による学習支援も同様であろう。学習者である地域住民の学習意欲を喚起しつつ，学習機会の提供を行い，学習活動の広がりや深まりを支援するとともに，学んだ成果をボランティア活動や地域活動，社会教育施設に生かす場を用意していくことや，住民自らが学習機会の提供など社会教育や生涯学習の振興の一翼を担う主体となるよう支援を行うことまでもが期待される。

　本章では，生涯学習振興行政と社会教育行政の変遷をたどってみてきたために，近年の社会教育行政には，教育行政領域内で検討すべき課題と，地方分権や行政改革という教育行政の周辺領域から検討が求められる課題の2つがあるが，それらの課題検討の際には社会教育や社会教育行政の意義などが議論の俎上に乗ることがなく，ほかの議論で埋もれてみえなくなる「埋没」状況に陥ってきたことを述べることとなった。

　今日，各地方公共団体の社会教育行政には，生涯学習支援の一環として地域住民の学習活動への支援をどのように整備するか，文字どおり「当該地方の必要に応じ」主体的に判断することが求められている。今後は，社会教育行政の広い対象範囲，そして地域住民のさまざまな社会教育における学習活動，そして学んだ成果を社会に還元する活動を見渡し，学習者の側からみて継続した支援施策を含めた社会教育施策の見取り図を描くことが必要だろう。

【稲葉　隆】

【注】

1) 旧教育基本法［昭和22年3月31日法律25号］第10条（教育行政）　2　教育行政は，この自覚のもとに，教育の目的を遂行するに必要な諸条件の整備確立を目標として行われなければならない。

2) 鈴木眞理「社会教育政策の意味と変遷」鈴木眞理・大島まな・清國祐二『社会教育の核心』全日本社会教育連合会，2010，p.11-13.

3) 社会教育法第9条の3第2項の「社会教育主事は，学校が社会教育関係団体，地域住民その他の関係者の協力を得て教育活動を行う場合には，その求めに応じて，必要な助言を行うことができる。」の条文は，教育基本法改正（2006年）に伴う2008年の社会教育法改正で追加規定されたものである点については注意が必要である。

4) 都道府県・指定都市社会教育主管部課長協議会発行『都道府県指定都市生涯学習・社会教育関係課職員名簿』1998による。

5) 同時に図書館法，博物館法も改正され，①両施設が行う事業に，学習成果を活用して行う教育活動の機会を提供する事業（図書館法第3条，博物館法第3条），②その運営状況に関する評価及び改善並びに地域住民等に対する情報提供（図書館法第7条の3，第7条の4，博物館法第9条，第9条の2）が追加規定された。また，国及び地方公共団体の司書及び学芸員等に対する研修について新たに規定（図書館法第7条，博物館法第7条）された。

6) 学社融合とは，従来の「学社連携」が必ずしも十分ではないとの反省から，「学校教育と社会教育がそれぞれの役割分担を前提としたうえで，そこから一歩進んで，学習の場や活動など両者の要素を部分的に重ね合わせながら，一体となって子どもたちの教育に取り組んでいこうという考え方」としている。

7) 学校教育の分野では，「総合的な学習の時間」（2000年度から段階的・2002年度から本格実施），「学校評議員制度」（2000年度），「コミュニティ・スクール」（学校運営協議会制度・2004年度）が導入されてきた。また，社会教育の分野では，「放課後子ども教室推進事業」（2004年度），「学校支援地域本部事業（2008年度）の推進など，地域住民等との連携による子供たちへの教育支援を目的にした学校施設の積極的な活用や学校支援が事業化されてきた。さらに，2015年12月，中央教育審議会は「新しい時代の教育や地方創生の実現に向けた学校と地域の連携・協働の在り方と今後の推進方策について」答申し，これからの地域と学校のめざすべき連携・協働の方向性として，「地域とともにある学校」「子供も大人も学び合い育ち合う教育体制の構築」「学校を核とした地域づくりの推進」の3つが示された。そのなかで，答申では，「地域学校協働活動」の推進，「地域学校協働本部」の整備，「コミュニティ・スクール」の推進が提言されている。

8) 藤原文雄「社会教育における制度の意味」鈴木眞理・稲葉隆・藤原文雄編著『社会教育の公共性論』〈講座 転形期の社会教育Ⅴ〉学文社，2016，p.43.

9) 今田高俊「管理から支援へ―社会システムの構造転換をめざして」『組織科学』Vol.30. No.3, 1997, p.4.

生涯学習振興　社会教育行政の役割　教育改革　行政改革　規制緩和
住民参加制度　ネットワーク型行政　新しい公共　連携・協働

(1) あなたの住んでいる市町村で，生涯学習や社会教育を振興するためにどのような審議会などが設置されているか，さらにどのようなことが審議されているか，調べてみよう。

(2) 地方分権と住民参加の制度化について，あなたの考えをまとめてみよう。

第 5 章　生涯学習支援の施設と団体

1　生涯学習支援と施設

　生涯学習の支援にかかわる施設には，さまざまなものがある。一般的に，施設とは何らかの目的のために設けられる建物などの構造物や設備を意味する。学校に代表されるような教育のために設置される施設が，人々の生涯学習支援にかかわっていることは自明であるが，そうではない施設であってもその支援にかかわっているものが少なくない。たとえば，商業施設のなかにも，書店のように学習活動のための物品やサービスを提供するという点で，生涯学習支援とのかかわりが深いものがある。

　いっぽう，ある出来事をきっかけにたまたま学んでしまうという偶発的な学習をも生涯学習の範疇で捉えるとするならば，生涯学習にかかわる施設の存在は際限のないものになっていくだろう。散歩中の公園や通勤・通学途中の駅舎など，あらゆる場面のあらゆる施設で，人々は偶然に学ぶ可能性があるからである。ただし，そうした場合の学習は，基本，他者からの支援が介在していないものとして理解されるべきものであって，教育や学習を意識して設けられたわけではない施設で，学習者が勝手に学んでしまったにすぎない。つまり，公園や駅舎は生涯学習とかかわりがあるといえても，その支援には直接かかわっていないとするのが妥当であろう。

　生涯学習支援施設という場合，当然ながらその施設には生涯学習を支援するという意図が存在するのであり，その意図を達成するための工夫が用意されていることが前提となる。そして，その意図や工夫の内容によって，それぞれの生涯学習支援施設としての特徴があらわれてくるのであり，言い換えれば，そ

こで支援することが想定されている学習，あるいは，そこでの学習の支援方法が，施設ごとに異なるということになる。生涯学習支援における施設の意味を考えるにあたっては，単に生涯学習とのかかわりの有無を探すのではなく，そのかかわり方に注目することが求められるのである。

2 社会教育施設における学習支援

(1) 生涯学習支援の中核としての社会教育施設

生涯学習支援にかかわる施設を具体的にみてみると，施設によって学習支援の意図に程度の差があることがわかる。先にあげた例でいうならば，商業施設としての書店は，その目的はまず営利にあるのだから，学校に比べれば学習支援の意図は弱いということになるのが一般的であろう。逆に，まさに教育のために設置される学校のような施設は，いうまでもなくそこでの学習支援の意図は明確であり，人々の生涯学習支援において果たす役割も大きくなってくる。その点からすると，学校と並ぶ，生涯学習支援の中核的な施設として，社会教育施設をあげることができる。

社会教育施設は，社会教育の振興・奨励のために設置運営される施設の総称と理解され，具体的には，公民館・図書館・博物館がその代表的なものとなる。こうした施設の設置運営は，行政による社会教育の振興・奨励において，その主要な手段として位置づけられてきた。1947（昭和22）年の制定時の教育基本法では，国および地方公共団体による社会教育の奨励を定めた第7条において，その方法の1つとして，「図書館，博物館，公民館等の施設の設置」が示された。この点については，2008（平成18）年に全面改正された教育基本法にも引き継がれており，そこでは「図書館，博物館，公民館その他の社会教育施設の設置」（第12条2）という形で，旧法では使用されていなかった「社会教育施設」という言葉が登場している。社会教育の奨励・振興に対する国および地方公共団体，すなわち，行政の役割をめぐっては，これまで一貫して社会教育施設の設置運営がその根幹をなすものとしてみなされてきたといってよい。

社会教育施設については，公民館・図書館・博物館のほかにも，青少年教育施設・女性教育施設・体育施設・劇場，音楽堂等の文化施設・生涯学習センターといった施設もその範疇に含まれるとされ，具体的な活動内容は施設ごとにきわめて多様である。ただし，社会教育の振興・奨励という設置運営の目的からして，いずれの施設であっても，明確な学習支援の意図のもとでその活動が展開されていることが当然の前提となり，そこでの学習支援が効率的・効果的になるような工夫がなされていることになる[1]。それゆえ，生涯学習支援の中核的な施設として位置づくと理解されるのである。

　生涯学習支援のあり方を体系的に理解しようとすれば，必然的に，学習支援を目的とした施設が学校以外にも用意されていることが重要となってくる。人が生涯をかけて学習を継続していこうとするならば，学校を卒業したあともその継続が可能となるように，多様な学習の場面が社会のなかに用意されていることが重要であるのはいうまでもない。その学習の場面を意図的につくり出しているのが社会教育施設といえるのである。

(2) 社会教育における学習支援と施設

　もちろん，学習支援の場面は施設に限定されるわけではない。社会教育についていえば，その学習支援の場面は，大きく団体と施設という2つで捉えられてきた。具体的には，後者については社会教育施設が想定されてきたわけであるが，いっぽう，前者については，PTAや子ども会・青年団・婦人会・スポーツ少年団などのいわゆる社会教育関係団体の活動場面が想定されてきたことになる。この社会教育における団体と施設をめぐっては，明治以後の日本の伝統的な社会教育の特質として，施設よりも団体による学習支援が中心とみなされてきたことが定説として指摘される[2]。そうした理解の背景には，第二次世界大戦前には，そもそも図書館や博物館といった，大衆のための教育施設が十分に普及しておらず，主要な学習支援の場面になりえなかったという事情に加え，国民教化の手段として青年団をはじめとする地域における各種団体の活動が行政により奨励され，その育成が図られた経緯がある。

　そのような社会教育の団体と施設をめぐる状況は，第二次世界大戦後に大き

な変化がもたらされていくことになる。戦後の教育改革のなかで，社会教育行政のあり方についても根本的な転換がなされ，そこではそれまでの社会教育の教化的性格を改め，あくまで学習者の自主性が尊重されるという前提が確認されたうえで，社会教育行政の基本的性格として「環境醸成」あるいは「条件整備」という原則が打ち立てられた。すなわち，人々の自主的な学習要求に応え，その学習活動が可能となるだけの環境を醸成し，条件を整備することが社会教育行政の担う基本的な任務とされ，そして，その任務の中心として社会教育施設の充実が求められるようになったのである。

　教育基本法については，1947（昭和22）年の制定時から「図書館，博物館，公民館等の施設の設置」が国および地方公共団体による社会教育の奨励の方法として示されていたことはすでに述べたが，同様に，1949（昭和24）年制定の社会教育法においても，社会教育のための環境醸成に努めることを国および地方公共団体の任務とするなかで，「社会教育の奨励に必要な施設の設置及び運営」がその具体的な方法として示されている。繰り返しではあるが，戦後の社会教育行政の役割においては，社会教育施設の設置運営がその根幹をなすものとしてみなされてきたのである。

　それを象徴するのが，第二次世界大戦後になって構想され，その普及が進められた公民館であるといってよいだろう。そもそも戦争によって荒廃した地域を復興することを目的として構想された公民館は，地域住民がさまざまな生活課題をもち寄り，その解決のための活動を行う場所になることをめざして普及が図られた。それゆえ，構想段階では社会教育にとどまらず，社交娯楽や自治振興，産業振興などに至るまで，地域社会のための総合的な役割を果たすことが期待されていた[3]。その後，社会教育法の制定などにより法制化が進む過程で，公民館の教育機関としての位置づけが明確になっていくが，地域社会のための総合的な役割という点は，当初から変わらず公民館の基本的性格として維持され，その設置は戦後の社会教育行政による「環境醸成」の取組の中心をなすものとなった。

　図書館・博物館は，公民館とは異なり，戦前から行政や民間の篤志家らに

よってその設置が図られてきたものであるが，制度的な枠組みが体系的に整備されるのは戦後のことであった。1950（昭和25）年には戦前からの図書館令にかわって図書館法，そして，1951（昭和26）年には新たに博物館法が制定され，それぞれの設置や運営に関する法的な根拠が示されることにより，その後の発展の基盤がつくられることになる。

　第二次世界大戦後の教育改革の過程で，その法的・制度的な整備が進められた公民館・図書館・博物館といった施設は，戦後の社会教育においてそれまで以上に主要な学習の場面として位置づけられ，行政を中心にその振興が図られてきた。高度経済成長期以降，公共施設の整備が急速に進むなかで，社会教育施設についても量的な充実が実現していくことになり，1980年代以降に本格化する生涯学習振興施策においても，その存在が前提としてみなされてきたといえる。

3　施設での学習支援の特徴

(1)　個人で学習する場としての施設

　社会教育施設をはじめとする施設での学習の特徴は，個人学習という学習形態に注目して捉えられることが多い。個人学習とは，その名のとおり，学習者がそれぞれの意思や目的に基づいて一人で学習を進める形態であるが，各種のメディアを用いた通信教育での学習がその典型となる。図書館での読書や博物館での展示見学のような学習も，この形態に分類されるのが一般的といえる。もちろん，図書館や博物館は友人や家族を連れ立って利用することもできるが，そうした場合であっても，読書する本や展示見学の順序やペースについては，学習者個人がそれぞれの興味・関心に応じて自由に決定できることが前提であろうし，むしろ，そうした個人による柔軟な学習に対応できる点が，図書館や博物館の教育施設としての利点だと考えられる。

　実際，図書館や博物館では，個人学習を支援するためのさまざまなサービスや工夫が用意されている。図書館が提供するレファレンスサービスは，利用者

が必要としている資料や情報に関して，図書館の専門的職員である司書が相談に乗ることによって，まさに利用者の個別の学習要求に応じた支援を行うものである。また，博物館においては，展示見学の補助ツールとして，タッチパネルなどのデジタル機器やオーディオガイドの導入が広く普及しており，個人での展示見学が効率的・効果的になるように意図されている。つまり，図書館や博物館では，個人学習に適した空間が意図的につくり出されているといってよいだろう。

　個人学習と対になる学習形態として集合学習がある。これは，複数の人々が同時に学習をする形態であり，その過程での学習者同士の相互作用の有無によって，集合学習はさらに集会学習，もしくは，集団学習に分類されるのが一般的である。そのうち，学習者同士の相互作用を期待し，その機会が意図的に用意されている学習が集団学習となる。伝統的な日本の社会教育においては，団体の育成・利用がその手段の中心とみなされてきたことはすでに指摘したが，そこでの学習の形態はこの集団学習が想定されてきたことになる。それに対して，現在では，人々の学習において，個人学習の占める比重が大きくなっているといえるだろう。

　その背景には，社会の変化に応じて人々のライフスタイルが多様化するなかで，学習においても個々人のおかれた状況に適した内容や方法が求められるようになったことがあげられる。また，カルチャーセンターに代表されるような民間の教育文化産業の発展にみるように，そうした個別の状況に適した内容や方法の選択を可能にするだけの学習機会の充実が実現されてきたことも，人々の学習形態に変化をもたらした要因といえる。人々がそれぞれの興味・関心や必要に応じた内容を，その人にとって都合のよい方法で学習するということが可能になったわけである[4]。

　集団学習から個人学習へという，学習形態にみる傾向の変化のなかで，図書館や博物館といった社会教育施設での学習の利便性が注目され，そこでの個人の学習要求に対応した支援の充実が求められてきた。この点は，図書館や博物館に限ったことではなく，たとえば，生涯学習センターでは，その主要な業務

として学習情報の提供や学習相談が位置づけられてきたが，こうした取組も人々の学習要求の多様化を前提としたうえで，それぞれの状況に応じた個別の学習支援の必要が意識されたものであるといえる。個人学習の支援の充実は，社会教育施設全般に求められてきたといってよいだろう。

　情報通信技術やインターネット環境の進展は，社会教育施設による個人学習支援の可能性をますます広げており，電子図書館やバーチャルミュージアムのような取組に象徴されるように，実際に施設まで来場しない利用者にも，各種のサービスの提供が可能になることにより，学習上の空間的・時間的な制約にとらわれることのない支援が展開されている。そうした試みは，旧来から想定されてきた施設の利用方法に大きな変化をもたらすものであり，施設を利用した個人学習の利便性を今後さらに高めていくことにつながろう。

(2) 人々が交流する場としての施設

　他方，もちろん，社会教育施設は個人でのみ利用するものではない。公民館は，第二次世界大戦後にその普及が図られるようになった当初から，青年団や婦人会などの地域団体の活動拠点として想定されてきたものであるし，社会体育施設や文化会館といわれるような施設は，集団でのスポーツ活動や芸術・文化活動の利用に供することが前提として設置されるものといえる。人々の集会や団体活動の場として施設が機能しているという点も，施設での学習支援の特徴を考えるうえで見落としてはならない。

　とりわけ，近年では，社会教育施設をめぐって，人々が交流する場としてもつ価値が改めて強調されてきている。社会教育施設のなかでも，図書館は本の貸出や読書支援がサービスの柱となるため，個人で利用する施設としてのイメージが強いが，このかん，青少年のための居場所づくりや，ボランティアやNPOによる市民活動の支援といった機能を併せもつ形で複合施設として図書館が整備されたり，充実したイベントスペースや多目的ホールが併設されることによって，利用者の交流促進が強く意識された図書館が登場したりして注目されてきた。そうした動向をふまえたうえで，これからの図書館像を描く際に，その見出しとして「つながる」や「ささえあう」といった言葉が使われること

があるが[5]，そのような表現には，図書館が従来のイメージから脱却し人々が集い交流する場所として機能することへの期待が示されていると理解できる。

　また，博物館をみると，集団学習の技法としてのワークショップの流行が顕著であり，館種を問わず教育プログラムで広く取り入れられるようになっている。もともと博物館では古くから講演会のような集会学習の機会が提供されてきたが，それに加えて，学習者同士の交流や協力を重視する学習方法の導入が積極的に進められてきたことになる。その点は，展示の見学方法をめぐっても同様であり，たとえば，美術館では館内の展示解説において指導者と来館者，あるいは，来館者同士の対話に基づく鑑賞方法の実践が進んでいる。対話型鑑賞法と称されるそうした方法は，対話による他者との意見交換を通じて，美術作品を能動的・批判的に鑑賞する姿勢の習得やコミュケーション能力の向上をめざすものであり，美術館での対話型鑑賞法の実践は展示見学をまさに集団での学習の場面として捉えるという発想を前提としている[6]。

　ワークショップの流行は，何も博物館あるいは社会教育施設に限ったことではなく，学校教育や企業内教育を含めたあらゆる学習支援の場面に当てはまる傾向といえる。この点については，ある実践で注目された技法が，さまざまな分野において表面的に模倣される形で広められているという点も否定はできないようにみえるが，いっぽうで，人々が集団で学ぶことの意義が改めて広く評価されるようになっていることの表れとしても理解できる。デジタル技術を利用した学習機会の増加などを受けて，今後，学習者が一人で学ぶ機会がさらに増していくことも予想されるなか，そうした状況がかえって学習の場面で人々が直接に交流することの意義を再確認することにつながっているともいえよう。

　社会教育施設についても，集団学習を支援する場所として機能することへの期待が改めて高まっている状況があり，とりわけ，地域社会の人間関係の希薄化が指摘されるようになって久しいなか，地域住民による集団学習の拠点という，第二次世界大戦後の公民館の構想当初から想定されてきた施設像が，あたかも社会教育施設としての原点回帰のように，図書館や博物館にも期待されるようになっている[7]。

4 学習支援者としての施設職員・ボランティア

(1) 専門的職員の存在と学習支援

さて，個人学習であれ集団学習であれ，どのような学習形態であっても，社会教育施設をはじめとする生涯学習支援にかかわる施設では，そこでの学習が効率的・効果的になるように支援することが意図されていることが前提である。その支援において中心的な役割が期待されるのは，実際にその施設で働く職員であることはいうまでもない。

社会教育施設には，その運営や活動を専門的に担う職員が配置されていることが通常である。具体的には，公民館の主事，図書館の司書，博物館の学芸員が，その専門的職員となる。また，青少年教育施設や女性教育施設，生涯学習センターには，一般的に指導系職員といわれるような職員が配置され，そこでの教育プログラムの企画や運営を担当している。社会教育施設における学習支援には，そうした職員の意図が反映されているのである。

「施設」の特徴を捉えようとする際には，単に物理的な建造物のみに注目するのではなく，そこで活動する人々やそこで提供されているサービスもあわせて考えていくのが自然であろう。とくに，社会教育施設の場合は，そこでの学習支援にかかわる職員たちのアイデアや創意工夫によって，学習支援のための施設としての特徴が左右されるといってよい。建物や設備などの物理的な条件がたとえ十分でなくても，職員の発想や工夫でユニークな活動が展開されうるという点からすれば，社会教育施設による学習支援の可能性や発展性の基盤は職員であるといってもよいだろう。

社会教育施設の専門的職員は，その種類によって制度化の程度に差がある。司書や学芸員については，それぞれ図書館法や博物館法を根拠に，資格制度が設けられている一方で，公民館の主事については，社会教育法のなかで公民館に配置できる職員として言及があるものの，資格化はなされていない。また，青少年教育施設などの指導系職員は，その配置や資格に関する明確な法的根拠はないものとなっている。この差については，それぞれの施設の職務内容を反

映していると理解されよう。図書館や博物館はいずれも資料を収蔵することが前提の施設であり，司書・学芸員の職務も資料に関するものが中心となるため，その取り扱いや収集・保存，あるいは，調査研究に必要とされる知識・技術といった具合に，そこで共通して求められる能力がある程度具体的に想定できる。それに比べて，公民館は，地域住民の学習を総合的に支援するという役割から，施設によって活動内容がきわめて多様であり，そこで職員に求められる能力についても共通の基準や枠組みで捉えることがむずかしく，資格化に適していないといえる。

　ただし，図書館や博物館であっても，館種や規模によって，収蔵する資料の内容や施設として期待される役割にかなりの違いがあり，司書や学芸員の能力が容易に形式化できるというわけではない。逆にいえば，その能力をあまりに形式的に捉えてしまうと，資格の形骸化につながるということも考えられる。社会教育施設の本質はその多様性にあるといっても過言ではなく，それぞれの施設の性格や状況に応じて，その職員に求められる能力も異なってくるのは当然であろう。社会教育施設職員の専門性は，環境に応じて多様に形成されていくべきものとなる。とはいえ，そうした多様性を前提としつつも，いずれの施設の職員であっても，教育・学習支援にかかわる専門的職員なのであるという点は強調すべきであろう。その点でいえば，施設利用者を学習者として理解し，その学習を適切に支援しようとする姿勢，すなわち，学習支援者としての自覚が求められるのであり，学習者のプライバシー保護への配慮といった倫理的な態度・行動規範も備わってこその専門的職員といえる。

(2) 学習支援者・学習者としてのボランティア

　社会教育施設には，専門的職員のほかにもそこでの学習支援にかかわる人々がいる。社会教育施設で活動するボランティアはかなりの広がりをみせており，学習支援者としての期待も大きい。図書館での読み聞かせや博物館での展示解説は，社会教育施設におけるボランティア活動の代表的なものといってよいだろう。これらは，ボランティアが施設利用者の学習を直接支援している活動であり，公民館の学級・講座でボランティアが講師を務める場合などもまさにこ

れにあたる。いっぽう，施設の環境整備に貢献することによって間接的に利用者の学習を支援している場合もある。具体的には，図書館での書架整理や返却図書の配架作業を担うボランティアがそうであるし，その点からいえば，施設清掃のようなボランティア活動であっても学習支援に貢献しているといえる。社会教育施設におけるボランティアの学習支援へのかかわり方もさまざまである。

　社会教育施設でのボランティアの受け入れは，教育行政によって奨励されてきた経緯がある。その議論では，ボランティアの学習支援者としての側面と同時に，学習者としての側面も指摘されてきた。つまり，社会教育施設のボランティアは施設利用者の学習を支援しているだけでなく，ボランティア自身もその活動を通して学習をしているということであり，とくに，ボランティア活動が自己実現や社会参加につながる学習でもあるという観点から，社会教育施設によるボランティア活動の機会の提供が促されてきた[8]。社会教育施設がボランティアを受け入れることが，ボランティアとして活動する人々の学習支援にもなるという視点は，社会教育施設による学習支援の発想を広げるという点で注目すべきものといえよう。

　社会教育施設以外にも，生涯学習支援にかかわる施設は存在するし，単に生涯学習にかかわるという点に着目すれば，そうした施設の存在は際限がなくなることは冒頭で指摘したところだが，これをふまえれば，生涯学習支援，あるいは，生涯学習にかかわる施設の人々も社会教育施設の専門的職員やボランティアだけに限定されるわけではない。生涯学習の支援という点に絞ってみても，たとえば，本の販売や流通にかかわる書店の従業員はその支援にかかわっているといえるであろう。そのように考えると，各種の施設で生涯学習支援にかかわる人々の存在はかなりの広がりをもって捉えられるということになるし，そのかかわり方も多様ということになる。

　ただし，そのような理解に立ったとしても，やはり社会教育施設の専門的職員やボランティアについては，ほかとは区別して，その役割や責任が検討されるべきであろう。その所以は，これまでに確認してきたように，社会教育施

の専門的職員やボランティアは、それぞれの職務や活動のなかで学習支援にかかわることが当然の前提になるという点に尽きる。それはつまり、学習者支援者としての自覚が求められるということである。専門的職員に比べ、ボランティアは、他者の学習にかかわるであったり、それにより倫理的責任が伴うであったりということについて、自覚が希薄であることも想定されるかもしれないが、そうした場合であっても、その施設の専門的職員が研修などを通して働きかけることによって、その自覚を向上させることが必要となろう。学習支援者としての自覚をもった人々が、そこにいるということが肝要なのである。

5　これからの生涯学習支援施設

　社会教育施設は、そこでの学習支援の意図が明確である点、そして、そのための支援者となる人々が配置されているという点で、学校と並んで、生涯学習支援施設の中核となるものである。しかしながら、このかんの社会教育施設をめぐる動向をみると、そうした点を強調することが避けられるきらいがあるようにみえる。あくまで学習者が主体的に、しかも、楽しみながら学習するということが理想として語られ、そこでは他者からの指導的・教育的すぎる働きかけは消極的なものとして捉えられているようである。

　社会教育施設の実践的次元では、ワークショップのような参加体験型の技法の流行や、デジタル技術を駆使した娯楽性の高い博物館展示の注目などから、そうした傾向を確認できよう。学習者の主体性の尊重は、社会教育における原理といってもよいから、利用者の参加や体験に基づく学習プログラムであったり、誰もが利用したくなるような娯楽性の高い学習の機会であったりは、社会教育施設が提供すべき理想的なサービスといえるかもしれない。ただし、この点にかかわっては、学習者の要求のみに合致するサービスを提供することだけが、社会教育施設の役割でないことに留意すべきである。

　社会教育をめぐるいわば定番ともいえる論点に「要求課題」と「必要課題」がある。これは、学習課題あるいは学習内容にかかわる議論であり、前者は学

習者自身が学びたいと自覚している課題・内容であるのに対し，後者は学習者が必ずしも学びたいと思っていなくても，社会の健全な発展を考えると，学んでおくべき課題・内容となる。この両者に対応していくことが社会教育施設の運営原理として理解されるべきであり，その公共的な性格を考えれば，要求課題だけでなく必要課題にも積極的に取り組むことが求められる。学習者のニーズとして顕在化されていない必要課題については，社会教育施設が意識的にその把握を試み，そして，たとえ利用者数の増加につながらないとしても，あえてそのための学習機会を提供するという判断をすることが重要ということである。それこそが，「教育」的な判断ということになるのであろう。社会教育施設にも経営的視点が必要だとたびたびいわれるが，顧客満足度という点で，利用者にとっての楽しさや心地よさだけを追求するのが，社会教育施設の経営ではないのであろう。

　さらに，社会教育施設の制度的次元では，施設としての性格の根幹にもかかわるともいえるような状況の変化が生じている。2019（令和元）年の地方教育行政の組織及び運営に関する法律等の一括改正により，公立社会教育施設の所管が教育委員会だけでなく首長部局でも可能となった。この変更の理由としては，首長部局が所管することによって，その施設において社会教育の事業と，まちづくりや観光などの関連行政分野の事業とが一体的に推進することが可能になることなどが指摘された[9)]。そもそも，社会教育施設は地域社会において多様な役割を担い，その活動内容は教育という範疇にとどまるものでないことは，社会教育の基幹施設ともいわれる公民館の性格をみれば明らかである。ゆえに，こうした制度上の変更は，理にかなった側面もあることは否定できない。

　その一方で，社会教育施設の所管をめぐる議論では，その教育施設としての性格や前提を過度に軽視するようなものもある。博物館の領域では，従来から公立施設であっても首長部局が所管する施設が少なくなく，そうした博物館界の状況が，この制度変更の議論を先導したことも事実である。博物館をめぐっては，観光施設としての可能性を強調する立場から，教育行政による所管が，柔軟な施設運営の実現の足かせになっているといった趣旨の指摘さえあったり

する。そこには，教育施設であることへの忌避感すらみてとれるが，その背景には，教育に対する固定的なイメージであったり，社会教育に対する無理解であったりが垣間見える[10]。

その活動内容の多様性や総合性は，博物館に限らず，すべての社会教育施設に共通する本質であるはずであり，教育施設であることを前提としたうえでの関連分野への活動の広がりは当然でもある。実際，これまでの社会教育施設での実践では，そうした点が意識され，実現されてきたわけであり，改めてそうしたこれまでの実践や，それをめぐる議論を振り返る必要があるのであろう。

他方，情報通信技術の急速な発展は，これまでは想定されてこなかったような，社会教育施設の活動を可能にしている。インターネットやソーシャルメディアを活用した情報空間での取組は，社会教育施設における学習支援の可能性を飛躍的に高めることにもつながろう。そのような状況は，「施設」として学習支援のための物理的な空間が用意されていることの意義を再考する必要を提起しているともいえる[11]。

もちろん，この点は，社会教育施設に限ったものではなく，生涯学習にかかわるあらゆる施設に当てはまることである。施設による学習支援のさらなる多様な展開が見込まれるなかで，生涯学習支援の中核としての社会教育施設の役割が問われてくることになるのであろう。

6　生涯学習支援における団体の意味

（1）社会教育と団体

社会教育の具体的な場面が，施設と団体という大きく2つで捉えられてきた点からすれば，生涯学習の支援を考えるにあたっても，施設のみでなく，団体にも注目することが必然的に求められるといってよい。この章でも，施設と学習支援のかかわりを検討するために，団体あるいは集団による学習との対比を随所で行ってきた。

そもそも，明治以降の伝統的な社会教育では，施設よりも団体が重視されて

きた点もすでに指摘したところだが，施設と同様に，社会教育の活動において団体に求められる役割や期待も，時代背景や社会環境の影響を受けつつ変化してきたといえる。

　社会教育の団体をめぐる大きな転換点も，やはり第二次世界大戦後の教育改革にあった。そこでは，敗戦を機に，青年団体をはじめとする各種の団体が国民教化の手段として利用されてきた経緯の反省にたって，社会教育の団体においても，人々の自由で自発的な学習を基礎とし，その自律的な運営が前提となることが確認された。

　この点については，社会教育の団体と行政との関係において，具体的に確かめることができる。1949（昭和24）年に制定された社会教育法では，「社会教育関係団体」という団体が，「法人であると否とを問わず，公の支配に属しない団体で社会教育に関する事業を行うことを主たる目的とするもの」（第10条）として定義された。そして，この社会教育関係団体と行政の関係については，文部大臣および教育委員会は「社会教育関係団体の求めに応じ，これに対し，専門的技術的指導又は助言を与えること」ができ，かつ，「社会教育に関する事業に必要な物資の確保につき援助を行う」（第11条）としたのと同時に，「国及び地方公共団体は，社会教育関係団体に対し，いかなる方法によつても，不当に統制的支配を及ぼし，又はその事業に干渉を加えてはならない」（第12条）と規定された。行政による社会教育関係団体に対する不当な支配や干渉が禁止され，専門的技術的な指導や助言，あるいは，物資確保の援助といった限定的な関与は可能とされたものの，その場合もあくまで団体からの求めに応じて行われることが原則とされたのである。まさに，社会教育関係団体の自律性を前提としたうえでの行政との関係が定められたことになる。

　加えて，制定当初の社会教育法の第13条では，「国及び地方公共団体は，社会教育関係団体に対し，補助金を与えてはならない」とされた。これは，憲法89条の「公金その他の公の財産は，宗教上の組織若しくは団体の使用，便益若しくは維持のため，又は公の支配に属しない慈善，教育若しくは博愛の事業に対し，これを支出し，又はその利用に供してはならない」という規定を受け

たものと理解され，社会教育関係団体に対する補助金の交付を禁止するとともに，その自律性の確保を徹底するという，「ノーサポート・ノーコントロール」の姿勢が明示されていたことになる。

この社会教育法第13条については，1959（昭和34）年に改正がなされ，条件付きで社会教育関係団体への補助金の交付が認められることになる。この改正は憲法89条との兼ね合いも相まって大きな議論となったところであるが，その主要な批判は補助金交付の結果が団体に対する統制や干渉につながることへの危惧からくるものであった。その点については，補助金を交付する条件として，「あらかじめ，国にあつては文部大臣が社会教育審議会の，地方公共団体にあつては教育委員会が社会教育委員の会議の意見」を聞くことが義務づけられたことによって，団体の自律性が損なわれないための配慮がとられたことになる。この改正により，行政と社会教育関係団体との関係をめぐっては，新たに限定的な財政的支援を可能としつつも，あくまで団体への不当な支配や干渉を禁止するという前提は変えない，いわば「サポート・バット・ノーコントロール」の姿勢へと転換がなされたと一般的に理解され，現行の制度においてもこの姿勢が維持されていることになる。

ちなみに，具体的な社会教育関係団体としては，青年団・婦人会・子ども会・YMCA・YWCA・ボーイスカウト・ガールスカウト・PTAなどがその代表的なものとされる。当然ながら，それぞれの団体としての性格はさまざまであり，青年団・婦人会・子ども会のように地縁を基礎とする団体がある一方で，YMCA・YWCA・ボーイスカウト・ガールスカウトは地縁よりも青少年の教育に対する特定の理念や使命がその活動基盤となっているものといえる。社会教育関係団体の認定については，社会教育法でその基準や方法が具体的に示されているわけではなく，それぞれの自治体の判断や裁量に任される格好となっている。

(2) 生涯学習支援にかかわる団体の広がり

そもそも，教育や学習にかかわる団体は，多種多様に存在しており，社会教育関係団体として，制度的に認定される団体はその一部でしかないという点は，

当たり前のことではあるとはいえ，団体による社会教育，さらには，生涯学習支援の活動の広がりを捉えていくうえで留意すべきことであろう。教育・学習支援にかかわる団体として，その自律性や自由を尊重するのであれば，むしろ，制度的な後ろ盾や行政とのかかわりがないところで，そうした団体の活動が豊かに展開されていることが重要といえるかもしれない。

　この点は，NPO（Non-Profit Organization）についても当てはまろう。社会教育や生涯学習との関連においても，NPOの役割が強調されるようになって久しい。1998（平成10）年の特定非営利活動促進法の制定にみるようにNPOの制度化や支援が進むなかで，生涯学習の振興に関しては，行政との連携・協働という文脈から，NPOへの期待が示されつづけてきている。そうした状況は，あたかも行政によりNPOの活躍の場が用意されているような感すら受けるが，特定非営利活動促進法に則って法人格を取得したり，行政と連携・協働をしたりすることは，あくまでNPOがその使命を達成するための手段として位置づけられるものであろう。公共的・社会的課題の解決をめざす団体が，その過程で人々の教育や学習支援に関与するのは自然なことであって，とりたててNPOの活動と生涯学習支援のかかわりを強調する必要はないのかもしれない。NPOであるかどうかではなく，民間の自発的な団体が，それぞれの使命や目的をもって，自律的に教育や学習支援の活動を展開しているということのほうが，生涯学習支援における団体の役割を考えるうえでは大切なのである。

7　団体による学習支援の特徴

　生涯学習支援にかかわる団体が多様であるのと同様に，団体による生涯学習支援の方法も多様である。社会教育の領域では，団体あるいは集団での学習の意義や方法がそれぞれの時代背景のなかで繰り返し議論され，実践も蓄積されてきた。たとえば，第二次世界大戦後には，占領下の民主化政策のなかで，青年団においても，グループワークやレクリエーションといった手法が導入され，民主的な団体運営の実現がめざされた。また，1950年代に入ると，当時の政

治的な風潮を受ける形で，各種のサークル活動が盛んになる。農村や工場で働く青年や主婦が自身の生活をありのままに記録し，その記録を読み合うことを通して生活課題の共有や解決をめざした生活記録運動は，そのころのサークル活動の隆盛を象徴するものの１つであったし，また，日本青年団協議会が共同学習運動を推し進めたのは，1953（昭和 28）年の青年学級振興法に対抗してのことであった。生活記録運動や共同学習運動は，生活の行動や様式を同じくする人々が身近な問題をもち寄り，話し合いによる検討を通してその解決を図るという点で共通するものであったといえる。

　高度経済成長を迎える 1960 年代以降になると，急速な都市化を背景に，地域社会のなかで人々が生活の行動や様式をともにするという，それまでの社会教育の団体・集団活動の前提が当然のものではなくなっていくなかで，青年団や婦人会の地域活動についても停滞が指摘されるようになる。先述したように，地域社会を基盤とした集団学習よりも，個別のライフスタイルに対応した個人学習への期待や需要が高まりをみせるようになるのも，こうした社会的背景を受けてのことであった。他方，地域社会の変容を受けて，地域での生活振興という観点から，改めて集団の役割に注目した政策の展開[12]などもみられるようになるが，そこでの集団への期待は旧来の地縁を基礎としたものではなく，共通の目的をもって自発的に結成される機能集団に主に向けられていた。こうした自発的な機能集団への期待は，その後のボランティア団体や NPO の活動の広がりにも連なっていくものであったといえる。

　近年では，ワークショップに象徴される集団での学習方法が注目され，社会教育に限らず，あらゆる教育の場面で取り入れられているとも思える状況があることは先にもふれたとおりである。ワークショップは集団による参加・体験型の学習方法の代表的なものとして広く認知されるものとなっているが，その議論をみると技法としての検討や普及に終始している感が否めず，それゆえ，実際の学習場面では有名な実践の模倣としか思えない取組も散見される。そこでは，集団で学ぶということが持つ社会的な意義に対する意識が希薄であるといってもよいだろう。参加や体験は集団で学ぶ際の醍醐味であるが，それらは

あくまで学習の過程あるいは手段であって，それによって何をめざすのかが本来肝要であるはずである。時代背景や社会状況を引き受けつつ，集団での学習および参加・体験が必要とされる理由を考えることが求められるのであろう。

　この点からすれば，団体あるいは集団での学習支援においても，やはり支援者の立場にいる人たちが果たす役割が重要になってくる。生涯学習の支援にかかわる施設では，施設職員やボランティアが施設利用者にとっての学習支援者として位置づくことは確認したところであるが，団体においては一般的に指導者やリーダーと呼ばれるような人たちがその立場にあると理解される。社会教育の団体に対する支援に関しては，旧来から，指導者やリーダーの研修がその主要な方法としてみなされてきたが，そうした人たちの存在や成長が団体による生涯学習支援の充実のうえでも不可欠なのである。

8　「施設」と「団体」という視角の必要性と限界

　この章では，「施設」と「団体」という社会教育の領域では伝統的ともいえる視角から，両者がもつ生涯学習支援の役割を検討してきた。人々の具体的な学習の場面は，大きく施設と団体の2つで捉えられるという前提のもと，これまでの具体的な社会教育の振興策はこの2つを軸にして展開されてきたといえる。その経緯からすれば，生涯学習支援のあり方を考えるにあたっても，施設と団体に注目するというのは的を射ている。ただし，それは「これまでは」ということなのかもしれない。すでに，社会教育施設をはじめとする生涯学習支援にかかわる施設による情報空間での活動の広がりが，物理的な空間を前提とした「施設」の捉え方自体に変化を生じさせてきている状況についてふれたが，そうした変化は団体をめぐっても同様に起きている。団体による活動の前提は，人々が集まって直接交流をすることにあったといえるが，情報通信技術の飛躍的な発展は人々の交流においても時間的・空間的な制約からの解放をもたらしており，学習する場面が施設であろうと団体であろうと，必ずしも時間や空間をともにする必要がなくなってきているのである。

そのような状況のなかで，生涯学習支援の様相を把握するのに，施設と団体という枠組みをもち出すことがいつまでも有効とは限らないし，すでにその枠組みに限界がきているともいえる。もちろん，そうした状況だからこそ，逆説的に，人々が学習のために集まる場所が施設として用意されていたり，団体での活動が人々の直接的な交流による学習の機会として機能したりすることの意義が改めて高まっていくという指摘も可能であろう。また，施設と団体という視角から，そこでの学習支援のあり方をめぐって，これまで議論が交わされ実践が蓄積されてきたこともこの章で確認したとおりであり，今後の生涯学習支援を考えるうえでもそれらを振り返ることの必要性がなくなることはない。

　そのいっぽうで，時代状況・社会環境が変化するなかで，学習の様相や形態が変わっていくことは当然であり，それにあわせて学習の捉え方にも変化が求められることのほうが自然ともいえる。オンライン学習といった学習の形態が一気に広がりをみせたなか，生涯学習の支援という点でも，それを捉える視角に根本的な転換が迫られている。時間や空間の制約を超える形で，学習支援の意図や工夫がいかに展開されていくのかを，旧来の枠組みにとらわれずに柔軟に捉えていくことが求められよう。

【大木 真徳】

【注】

1)　この点については，社会教育施設の要件として，教育を主たる目的とした恒常的な施設であることや，学習援助のための工夫がなされていること，そして，広く一般の人々に開放されていることなどがあげられることがある。鈴木眞理「社会教育施設の意味」碓井正久・倉内史郎編『新社会教育』学文社，1986，p.125-127.

2)　碓井正久は，明治以降の日本における社会教育の歴史的特質として，欧米での状況との比較を念頭に，「官府的民衆教化性」「農村地域性」「青年中心性」と並んで，「非施設・団体中心性」を指摘している。碓井正久「社会教育の概念」長田新監修『社会教育』御茶の水書房，1961，p.3-53.

3)　公民館の構想において中心的な役割を果たした人物に，文部官僚の寺中作雄がいる。構想段階での公民館の特徴については，寺中作雄『公民館の建設：新しい町村の文化施設』公民館協会，1946 などを参照のこと。

4)　こうした様相は，「学習の個別化状況」と表現されるものである。倉内史郎・鈴木眞理・西村美東士・藤岡英雄『生涯学習の生態学―成人学習の個別化状況を探る』野

間教育研究所, 1993.

5) 猪谷千香『つながる図書館―コミュニティの核をめざす試み』筑摩書房, 2014. および, 青柳英治編／岡本真監修『ささえあう図書館：「社会装置」としての新たなモデルと役割』勉誠出版, 2016.

6) 対話型鑑賞法の具体的な手法については, 詳しくはフィリップ・ヤノウィン／京都造形芸術大学アート・コミュニケーション研究センター訳『どこからそう思う？ 学力をのばす美術鑑賞―ヴィジュアル・シンキング・ストラテジーズ』淡交社, 2015. などを参照のこと。

7) 2018 年の中央教育審議会答申「人口減少時代の新しい地域づくりに向けた社会教育の振興方策について」では, これからの社会教育施設に対する期待として,「公民館, 図書館, 博物館等の社会教育施設には, 地域活性化・まちづくりの拠点, 地域の防災拠点などとしての役割も強く期待されるようになっており, 住民参加による課題解決や地域づくりの担い手の育成に向けて, 住民の学習と活動を支援する機能を一層強化することが求められるようになっている」と述べられているが, まさに社会教育施設としての原点回帰ともいえる指摘であろう。

8) この点に関連しては, 1992 年の生涯学習審議会答申「今後の生涯学習の振興方策について」で示された「ボランティア活動そのものが自己開発, 自己実現につながる生涯学習となる」「ボランティア活動を行うために必要な知識・技術を習得するための学習として生涯学習があり, 学習の成果を生かし, 深める実践としてボランティア活動がある」「人々の生涯学習を支援するボランティア活動によって, 生涯学習の振興が一層図られる」という, 生涯学習とボランティア活動との関連を捉える 3 つの視点が言及されることが多い。

9) この点については, 法改正に先立って, 2018 年の中央教育審議会答申「人口減少時代の新しい地域づくりに向けた社会教育の振興方策について」において, 具体的な検討がなされている。

10) たとえば, デービット・アトキンソンは,『新・観光立国【実践編】―世界一訪れたい日本のつくりかた』(東洋経済新報社, 2017) のなかで,「都道府県レベルで『文化』を所管する文化財行政の機能は, 教育委員会のなかにあります。その名が示すように, 文化財や伝統文化は修学旅行や授業などで用いる『学習テーマ』や研究者のための『研究材料』という位置づけなのです」(p.292) と述べているが,「教育すなわち学校教育」という固定観念の典型にもみえる発想だろう。

11) この辺りについては, 大木真徳「社会教育の空間的展開」鈴木眞理・井上伸良・大木真徳編『社会教育の施設論』〈講座 転形期の社会教育Ⅲ〉学文社, 2015, p.1-25. も参照のこと。

12) 1970 年ごろから自治省が推進したコミュニティ政策がこれにあたる。国民生活審議会調査部会コミュニティ問題小委員会報告「コミュニティ－生活の場における人間性の回復－」(1969 (昭和 44) 年) では,「生活の場において, 市民としての自主性と責任を自覚した個人および家庭を構成主体として, 地域性と各種の共通目標をもった, 開放的でしかも構成員相互に信頼感のある集団」を「コミュニティ」と呼び, 従来の地域共同体に代わるものとして, 地域における生活の充実・向上に果たす役割が期待

された。

キーワード

生涯学習支援施設　社会教育施設　公民館　図書館　博物館　個人学習　集団学習
専門的職員　ボランティア　社会教育関係団体　NPO　ワークショップ

この章を深めるために

(1) 生涯学習の支援にかかわる身近な施設を取り上げ，そこでの学習支援の工夫について考察してみよう。
(2) 社会教育施設の専門的職員やボランティアの活動に注目して，生涯学習の支援者として求められる能力や態度について検討してみよう。
(3) 生涯学習の支援にかかわってどのような団体がどのような活動を展開しているのか，身近な団体を例にして調べてみよう。

【参考文献】
鈴木眞理・守井典子編『生涯学習の計画・施設論』〈シリーズ生涯学習社会における社会教育　第6巻〉学文社，2003
鈴木眞理・井上伸良・大木真徳編『社会教育の施設論』〈講座 転形期の社会教育Ⅲ〉学文社，2015
鈴木眞理『ボランティア活動と集団―生涯学習・社会教育的探究』学文社，2004

第6章　生涯学習の支援者論

1　多様な生涯学習の支援者

　1949（昭和24）年の社会教育法制定時には，今ほど多様な学習機会は存在していておらず，学校以外の場面での学習支援は，社会教育行政の役割を中心に考えられていた。その後，多様な学習支援体制を整えることをめざした1980年代以降の生涯学習振興行政は，「生涯のいつでも，自由に学習機会を選択して学ぶことができ，その成果が適切に評価される」という「生涯学習社会」（1992年生涯学習審議会答申「今後の社会の動向に対応した生涯学習の振興方策について」）を実現することを1つの目標とし，さまざまな学習機会に目を向けるなかで生涯学習を支援する中心的な役割を社会教育行政が担うという位置づけをした。

　そうした変化の背景には，社会教育行政によるものに限らない多様な学習機会がつくられていったという事情がある。1970年代に都市部を中心に広がりをみせたカルチャーセンターは，民間営利の教育文化産業である。1980年代には社会的な課題に対応する市民活動が盛んになり，1998（平成10）年に特定非営利活動促進法が制定され特定非営利活動法人（以下，NPO）の活動が活発になることで，NPOは，社会教育行政にとっても見逃すことができない存在感を示した。こうして，社会教育行政関係者に限らず，多様な民間団体の指導者が生涯学習支援者となっていった。

　日本の生涯学習振興施策は，学習機会を量産することを主眼としてきたといえ，そのもとで行政に限らず，民間のさまざまな主体が学習機会をつくり，さまざまな学習支援を行ってきた。多様化・高度化する学習要求に対応すること，集団での学習機会に限らず個人学習の環境を整えていくことなど，生涯学習支

援者の役割は時代に応じて多様化してきた。

　学習機会が拡大するなかで，生涯学習支援者を特定して説明することは容易ではない。生涯学習支援者の属性に注目してみると，学校，社会教育施設など公的制度を背景とする機関に属する場合があれば，企業やNPOなど民間の営利・非営利組織に属している場合もある。学習者に知識・技術を教えるだけではなく，学習者と学習機会を結びつけること，学習環境を整える者も生涯学習支援者である。生涯学習支援者は特定の個人であるとは限らず，組織・機関，それらの連携組織，ネットワークを想定することもできる。生涯学習支援者と学習者とは，教える・教えられるという関係にあるとは限らず，両者が相互に働きかけあう相互教育が行われる場合もある。1つの側面からみれば学習者であっても，別の側面からみると学習支援者であること，指導者・支援者が顕在化していないこともある。

　こうした多様な実態は，生涯学習支援者を捉えにくくする要因であるが，生涯学習支援者の特徴でもある。一元的に整理して説明しようとすればするほど，実態からかけ離れる可能性があるのが生涯学習支援者である。

2　生涯学習を支援する社会教育職員

(1)　社会教育行政における生涯学習支援者

　生涯において学校で過ごす時間は限られているといえ，学校以外の場面である家庭・企業・地域での生活が人生の大部分を占めている。そうしたなかで，社会教育は生涯学習支援の中心的な役割を担ってきた。社会教育主事，社会教育施設の専門的職員である司書や学芸員，指導系職員は，社会教育における代表的な生涯学習支援者である。

　社会教育主事は，社会教育法に基づいて都道府県・市町村教育委員会事務局に配置される専門的教育職員である。社会教育行政の中心で，自治体における学習環境を整えていく役割を担っている。社会教育主事の職務は「社会教育を行う者に専門的技術的な助言と指導を与える。ただし，命令及び監督をしては

ならない」(社会教育法第9条の3) と規定され，社会教育施設職員や社会教育関係団体の指導者などに対して，指導・助言を行うが，不当な統制や干渉は禁止されている。社会教育主事は，学校が地域住民と連携して進める教育活動に対しても「必要な助言を行うことができる」(2008年の社会教育法改正時に新たに追加された第9条の3第2項) が，社会教育指導者に対してや学校における実践への指導や助言は，求めに応じる形で行わなければならない。こうした規定は，戦前の社会教育がイデオロギー中心の統制を志向したことへの反省を反映したものである。社会教育は学習者主体で進められるものであり，戦後の社会教育行政において社会教育主事は，生涯学習が推進される以前から，学習者の主体性を重んじる存在であった。

　1990年代以降には，「ネットワーク型行政」の構築に向けて，生涯学習を振興するためにさまざまな教育主体を結びつけて多様な学習機会をつくるための調整を行うことが社会教育行政の役割として重視されたが[1]，そうしたなかで，国の審議会などでは，コーディネーターとしての社会教育主事の役割が，繰り返し強調されてきた[2]。ただし，調整者としての側面を強調する説明は，社会教育主事が地域の実情を捉えて学習課題を設定するという役割や，その際に行う判断に必要な知識の重要性を無視するものであり，それだけで社会教育主事の専門性を十分に説明できるものではない[3]。

　社会教育主事の資格は，大学の養成課程または，大学等が行う講習を受講することで取得できる。改正を経て2020 (令和2) 年度に施行された社会教育主事講習規定では，大学の養成課程および社会教育主事講習で必要な単位を修得することで「社会教育士」という称号を名乗ることができるとされた。社会教育主事として発令されることがなくても，大学の養成課程や講習を通して学習したことを，行政に限らず民間の学習支援の場面，地域振興やまちづくり，観光を所管する行政部局による学習支援の場面などで生かすことを想定した，称号付与による人材育成の仕組みである。この仕組みを生涯学習支援者の専門性を支えるものとして期待することもできるが，これにより実際にさまざまな人材が社会教育士として活躍するようになるまでには，もう少し時間がかかる。

この仕組みがどのように機能していくのかについては，今後の研究を待たなければならないが，仕組みが形骸化しないような運用が模索される必要があるだろう。

(2) 生涯学習支援者としての社会教育施設職員

社会教育施設は，基本的には教育委員会所管でもっぱら社会教育のために設置された機関をさす。公民館・図書館・博物館が代表的な社会教育施設である。

公民館には事業の計画や実施などの施設運営を担う主事（一般的には公民館主事と呼ばれる）がおかれている。住民自治の拠点として構想された公民館の主事には社会教育主事や司書・学芸員のような資格はない。それでも，公民館の主事は，公民館の目的である「市町村その他一定区域内の住民のために，実際生活に即する教育，学術及び文化に関する各種の事業を行い，もつて住民の教養の向上，健康の増進，情操の純化を図り，生活文化の振興，社会福祉の増進に寄与すること」（社会教育法第20条）の実現に向けた中心的な役割を担っている。公民館では，公民館が主催する講座だけでなく，住民による自主的な企画講座が行われることもある。公民館の主事は，家庭教育支援や防災教育など，各地域の実情に即した学習課題に対応した講座を企画・実施するだけではなく，住民の自治活動を促し，住民主体の事業が行われるような学習支援をする存在でもある。

図書館の司書は，地域の実情に即して郷土資料や住民の希望に応じた資料を集め，利用しやすく整理して公開する専門的職員である。司書は，レファレンスの対応により，利用者の学習課題とその課題解決につながるような情報とを結びつけたり，郷土に対する理解を深めるための図書コーナーを用意したり，家庭教育支援のために読み聞かせのイベントを行ったりして，さまざまな課題に対応するような学習支援を行っている。NPOや学校などと連携をして広く読書環境を整え，幅広い年齢層の人たちの読書活動を推進することも，司書の役割である。司書資格は，大学の養成課程や講習を受講することで得ることができる。

博物館の専門的職員は，学芸員である。学芸員は，各館の使命に即して資料

を収集することでコレクションを形成するとともに，そのコレクションを維持・管理している。また，資料の調査・研究を通して得られた知見から展示をつくったり，講座やワークショップなどの関連事業を実施したりすることを通して，利用者の学習を支援する存在である。学芸員資格は，大学の養成課程や文部科学省による認定試験および審査認定によって得ることができる。博物館の場合は，ほかの社会教育施設と比べ，地方公共団体が設置する公立博物館に限らず，一般社団法人・一般財団法人，宗教法人などが設置する私立博物館が多い。そのため，学芸員と一口にいっても，それぞれがおかれる立場は所属する館により大きく異なるという特徴がある。

　社会教育施設の専門的職員や指導系職員は，さまざまな事情で社会教育施設を利用しにくかったり，利用ができなかったりする人たちに向けた学習支援も行っている。司書や学芸員などは，中山間地域や離島など施設を利用しにくい条件にある地域や，さまざまな事情で施設を訪れることができない人たちのところへ出向き，資料や事業などを届けていくアウトリーチ活動を行うことがある。ほかにも，図書館では，見えない・見えにくい利用者の利用に向けて資料の音声読み上げソフトの導入や拡大文字資料を用意するなどして，資料の利用環境が整えられ，博物館でも同様に，美術資料の触察による鑑賞の機会がつくられるようなことがある。こうした多様な利用者の存在に目を向けた学習支援の方策を検討することも，生涯学習支援者としての大切な役割である。

3　生涯学習を支援する行政・企業・ボランティア

(1) 生涯学習支援者としての行政職員

　生涯学習支援者は，教育行政関係者であるとは限られない。産業・保健・福祉・労働・環境などを所管する首長部局では，それぞれの行政課題に応じた独自の学習支援が行われている。1980年代以降の生涯学習振興行政においては，社会教育行政に限られない首長部局との連携が不可欠だと考えられ[4]，「出前講座」などの方法により，首長部局の職員が生涯学習支援の担い手として想定

されることがあった[5]。

首長部局による生涯学習支援が進められるだけでなく，生涯学習・社会教育に関する施策の所管を，首長部局に移す動きがみられるようになる。教育委員会制度改革のなかで行われた2007（平成19）年の地方教育行政の組織及び運営に関する法律（以下，地教行法）の改正は，文化やスポーツにかかわる施策を首長部局で担うことを可能とした。また，2019（令和元）年には第9次地方分権一括法により社会教育法や地教行法などが改正され，首長部局が社会教育施設を所管することが，特例的に認められるようになった。まちづくりや観光振興の施策を，首長部局と社会教育行政とが一体になって進めることが効果的だと判断された場合に取られる特例措置である。

こうした社会教育施設の特例的な移管については，「他の行政分野における人的・物的資源や専門知識，ノウハウ，ネットワーク等を公立社会教育施設においても新たに活用できるようになること」や，「社会教育の新たな担い手として，これまで社会教育とかかわりがなかった，幅広い世代の多様な専門性を持つ人材等の参画」につなげられること，そしてそのような人材を「発掘・育成し，社会教育の分野での活躍を導くことにもつながる可能性がある」ことなど，人材を含む首長部局のさまざまな資源を生涯学習支援に活用することへの期待が示されている（2018年中央教育審議会答申「人口減少時代の新しい地域づくりに向けた社会教育の振興方策について」）。

教育行政に限らずさまざまな領域において生涯学習支援者が活躍することは，学習機会の拡大という点で望ましいと考えられる。社会教育行政が所管していた施策が教育委員会を離れることがすぐに戦前のような教化に結びつくとは考えにくい。しかし，学習支援自体を目的とする社会教育行政とは異なり，一般行政では首長の意向を実現するための事業が進められることになる。社会教育行政と首長部局との境界があいまいになり，それまで社会教育行政が担ってきた分野の施策の遂行について多様な形態が認められるようになるなかで，環境醸成や指導・助言の原則など，社会教育行政が伝統的に重視してきたことを見直すことが，今後ますます，意味のある作業になるといえよう[6]。

(2) 生涯学習支援者としての民間機関・団体

　生涯学習支援の役割を担うのは，教育行政・そのほかの行政部局の職員に限られない。営利・非営利を問わずさまざまな民間機関や団体が，生涯学習支援者の役割を果たしてきた。

　民間の営利機関が商品として学習機会を提供している場合があり，そうしたサービスを提供する企業は，民間教育文化産業と総称される。カルチャーセンターに代表される民間教育文化産業の存在は，生涯学習振興の流れのなかで存在感を増していった。また，学習支援自体を商品としない企業が，一般の人たちの学習支援を担うこともある。1980年代後半以降，景気の向上を受けた企業の社会貢献活動が広がりをみせ，メセナと呼ばれる芸術・文化活動の支援の一環として，企業が中心となって博物館を運営したり，コンサートが開かれたりするなどの活動が行われてきた。

　営利機関が機関の外に向けて行う学習支援に目を向けてきたが，成人の生活において大きな比重を占めるといえるのが，企業内の教育である。企業では，職務を通して行われる研修（OJT：On-the-Job Training）や職務を離れて行われる研修（Off JT：Off-the-Job Training）により，組織の教育担当者が中心となり外部講師を招くなどしながら，職業生活において必要な知識・技術・態度に関する学習支援を行っている。こうした企業内教育の事例から生涯学習支援者として企業の教育担当者を捉えることはできるものの，企業内教育は社員の資質向上が社益につながることが優先されるのが自然であり，その役割は限定的に捉えられるものである点には注意が必要である。

　非営利団体のなかには，地域での生活に密接にかかわる学習機会をつくってきたものがある。スポーツ団体の指導者や，文芸，健康，環境などあげればきりがないほど多様な主題を扱うサークルなどの指導者は，地域における多様な学習機会を創出してきた。自治会の子ども会で中心的な役割を担ってきた人たちは，地域の子どもが伝統行事に参加したり，自然体験をしたりすることができるような機会を用意してきた。

　そうした自治会の子ども会を含め，PTA，青年団，婦人会や老人クラブな

どの地縁的なつながりを基礎にする団体は，生涯学習の推進において不可欠な存在である。しかし，そうした地縁団体の活動は，都市化の進行による人間関係の希薄化や高齢化による担い手不足によって，衰退してきている。

他方で，NPO に対しては，生涯学習支援の担い手として，社会教育行政による期待の高まりがみられる。1998（平成10）年の特定非営利活動促進法の制定以降，NPO の数は加速度的に増えていった。NPO は，行政では対応することができない総合的な課題への迅速な対応を可能にする存在として，社会教育行政の連携相手としての期待が高まりをみせているといえよう。

(3) 生涯学習支援者としてのボランティア

ほかにも，さまざまなボランティアが生涯学習支援者としての役割を担ってきた。生涯学習振興が進められるようになった1980年代から，ボランティアには生涯学習支援者としての役割が期待されてきた[7]。1992（平成4）年の生涯学習審議会答申「今後の社会の動向に対応した生涯学習の振興方策について」では，ボランティア活動と生涯学習とを結びつけた説明がなされ，ボランティアは人々の生涯学習を支援する存在であるということに加えて，自らも学習する存在であること，そして，ボランティアがさまざまな場面での学習成果を生かせるような環境を整える必要があることが指摘された[8]。

社会教育施設における生涯学習支援者は，先にふれた専門的職員には限られない。社会教育施設では，その運用の実態は施設ごとに異なるが，各施設で養成されたボランティアが利用者の学習を支えている。図書館では読み聞かせや点訳・音訳などを行うボランティアが養成され，広く利用者の学習を支えている。博物館では，展示室での解説や資料整理からワークショップなどの事業運営までさまざまな活動を行うボランティアが養成され，ボランティアが学校や福祉施設などでのアウトリーチ活動を行うこともある[9]。

こうした社会教育施設ボランティアは，各施設での養成や活動の過程で活動に必要な知識や技術，態度を身につけると同時に，施設利用者の学習を支える存在でもある。

しかし，ボランティアにしても，先にふれた NPO にしても，行政との距離

が近づくにつれて行政の下請けといえるような働きを期待される場面が生じること，それにより活動の自主性が損なわれる可能性があることには，十分に注意深くなる必要があるだろう。

4　学校における生涯学習の支援者

(1) 学校と地域社会を結びつける教員

　学校での児童生徒の学習を生涯学習の一環として考えることができるが，生涯学習支援を考えるうえで重要になるのは，学校が児童生徒に限らず成人の学習場面にもなっているという点である。学校を拠点に活動する伝統的な社会教育関係団体である PTA の活動は，児童生徒の学習環境を改善するだけでなく，教員・保護者相互の学習を内在させ，成人の学習場面になってきた。

　生涯学習振興の体制を総合的に整えていくことの必要性を強調した 1990（平成 2）年の中央教育審議会答申「生涯学習の基盤整備について」では，生涯学習における学校の役割が，子どものうちに自ら学ぼうとする意欲や態度を培うこと，そして，学校を拠点として地域の人たち対象の学習機会を提供することだと説明された。学校は，校庭や体育館などの施設を開放し，地域の大人たちがサークル活動などを通した生涯学習の活動拠点として活用することができるようにしてきた。

　ただ単に学校の施設や設備を開放するだけではなく，高等学校や大学では公開講座の実施により [10]，広く一般の人たちに対して学習機会を提供してきた。近年は，国を中心に社会人の学び直しが推奨されるなかで，一度社会に出たのちに再び教育の場面に戻ることを繰り返すという，リカレント教育の機運を高める動きもみられる。働き方の多様化，人生 100 年時代の到来といったことを背景に，大学や専修学校が社会人を受け入れるためのプログラムを用意することもある。このように考えると，学校の教員は，成人に対する直接的な生涯学習支援者としての役割も果たしてきたといえよう。

(2) 学校支援ボランティア・地域学校協働活動推進員

　1980年代以降，教育行政は生涯学習体系の実現を試み，学校への過度な期待がかかる状態を変え，多様な教育主体の連携を促し，学校と学校以外の教育場面を結びつけていくことを試みてきた。そうした取組の1つに，地域の人たちからなる学校支援ボランティアの養成や学校への受け入れがある。

　学校支援ボランティアは，教育課程に即した学習支援や，放課後のクラブ活動・部活動での指導を行う役割を担い，教員のもとで児童生徒の学習を支えてきた。同時に，学校支援ボランティアは，学校での活動を通して学校や子どもに対する理解を深めてきた。こうしたボランティアに対して，学校での活動と社会教育の場面での学習との循環をつくった事例もある[11]。

　学校で地域の人たちが活動する場面は広がりをみせている。学校と地域が相互に強く結びつきながら教育を進める意義を唱えた2015（平成27）年の中央教育審議会答申（「新しい時代の教育や地方創生の実現に向けた学校と地域の連携・協働の在り方と今後の推進方策について」）をうけ，2017（平成29）年に改正された社会教育法には，学校と地域住民による「地域学校協働活動」を推進するための「地域学校協働活動推進員」についての規定が新設された。文部科学省の補助金事業として始まった学校支援地域本部事業が，「地域学校協働活動」として法的な根拠をもつ活動になった形である。教育委員会から委嘱された「地域学校協働活動推進員」は，地域と学校との間で情報を共有し，関係する地域住民への助言などを行うコーディネーターとしての役割を担うことになる（社会教育法第9条の7，第9条の7第2項）。

　こうして学校と地域との協働が制度的に整えられるなかで，学校は「地域学校協働活動推進員」という新たな人材を配置するようになる。制度がつくられることで活動が進めやすくなるという利点はあるが，外的な枠組みをもつことで，活動が形骸化する可能性も発生する。重要なことは，そうした人材を配置して形を整えることではなく，学校運営に地域住民が参加する機会をつくることであり，地域社会をフィールドにした児童生徒の学習の場面を整えることである。そのためには，体制を整えることも大切になるが，協働関係を築く過程

で，関係者がお互いについて，また，活動の目的について理解することができるような学習機会をもつことが肝要になるだろう。

　生涯学習の観点から学校教育を考えると，学校は児童生徒の学習の場であるだけでなく，教員や保護者をはじめ，さまざまな形でかかわる成人の学習の場でもある。教員には，これまで以上に多様な学習者の存在を意識し，学校にかかわるさまざまな立場の人たちの学習の過程にも目を向けていくことが求められている。

5　生涯学習支援者に求められる配慮

(1)　学習者をどのように捉えるか

　生涯学習が推進され，さまざまな学習活動が展開されるなかにあって，誰でも生涯学習支援者になることができるといえよう。どのような学習支援が行われるにしても，生涯学習を考える際には学習者の自由意思に基づいた学習が進められることが重視される。生涯学習支援者は，学習者の自主性・主体性を尊重した学習者中心の学習支援を考える立場にある。しかし，一口に学習者といっても，それぞれのおかれる状況は異なるといえ，学習者の存在を一概に捉えることはできないだろう。

　成熟した市民社会において行政による社会教育は不要であるとした松下圭一は，「成人市民は社会教育行政の対象つまり永遠の生徒ないし子供として『指導』ひかえめには『援助』されなければならないと想定されることになる。それゆえ社会教育行政職員はその内部では「指導者」(略) と呼ばれている」と強調し，主権者である市民を行政が指導するという発想を批判している[12]。こうした批判の背景には，松下が「指導」を操作性を伴うものとして捉えていることが指摘できる。同時に，松下は主権者である市民としての主体を所与のものとして捉えていることを指摘できる。しかし，指導者といえば学習者を操作するような存在になるという理解は，指導を狭義にしか理解していないものであるし，学習者の主体性は年を重ねれば自然に形成されるとはいい切れないも

のである。

社会教育の人的資源は，伝統的に「社会教育指導者」と呼ばれてきたが，そうした指導者をめぐる議論においては，「学習主体が教育主体になり，指導者が不要となる状態をつくりだすところに指導者の役割がある」と，指導者による学習者の主体形成のプロセスが重視されてきた[13]。

生涯学習支援者という際には，こうした「指導者」というコトバがもつ操作性を意識し，あえて「支援者」としての側面を強調することがあるといえるが，「指導者」であっても「支援者」であっても，常に学習者の判断に委ねたような働きかけだけをすればよいということにはならない。生涯学習の支援者には，学習内容や学習支援の方法を決定していくとともに，学習者の主体形成を促すような取組を考えることが求められる。

(2) 学習の主題をどのように設定するか

先述したとおり，社会教育主事についてはコーディネーターとしての役割が強調されてきたといえるが，そうして生涯学習支援者の調整者としての役割を強調すること，また，ワークショップなど学習支援の方法ばかりに注目をすることで，生涯学習支援者がどのような主題を捉えて学習機会をつくっていくのかという問題が，みえにくくなってしまうことがある。

宮坂広作は，「人類としてなり，国民としてなり，われわれが協同して解決にとりくまなければならないような問題が公共的課題（略）である。公的社会教育はこうした問題を優先的にとりあげてプログラム化すべきである。すべての人間，あるいは多数の人間の生存や福祉に直接的に大きな影響を与えるような公共的問題にこそ公教育はとりくまなければならない」と，学習課題設定における判断に社会教育の専門的職員の役割を指摘している[14]。生涯学習支援者には学習者の自主性を重んじていくことが重視されるわけだが，常に学習者の要求をすべて認め，それに追随するかたちで，学習者の要望どおりの学習が進められるような支援だけをすればよいということにはならない。

繰り返しであるが，生涯学習支援者の役割は，学習者の自由な意思を尊重し，その主体的な活動を促進することである。ただし，自己実現や趣味・教養のた

めの学習を支援することがあれば，学習者の関心が私事的なものから公共的な
ものへと変容するように促すことが求められることもある。とくに，社会教育
行政や非営利組織における生涯学習支援者にとっては，後者のような役割を果
たすことが重要になるといえる。

(3) 生涯学習支援者の専門性形成

　さまざまな主体による学習機会がつくられ，各主体の連携やネットワーク化
が進められるなかにあり，生涯学習支援者を捉えることはむずかしくなってい
る。誰でも生涯学習の支援者になることができる状況にあって，充実した支援
体制をつくり，有益な連携関係を築いていくためには，それぞれの立場におけ
る生涯学習支援者としての専門性を検討し，その専門性を高めていくことが求
められる。

　社会教育主事や司書・学芸員は，絶えず研鑽を続ける立場にある。社会教育
主事は，教育公務員として絶えず自らの研鑽に努めるべき存在で，職に就いた
まま長期の研修を受けることが認められ，その任命権者は研修計画を立ててそ
れを実行するよう努力する義務が課されている（教育公務員特例法第21条）。

　司書や学芸員についても，国や都道府県教育委員会がその研修を行う努力義
務がある（2008年の図書館法および博物館法の改正）。司書や学芸員を対象にした
研修は，国や地方公共団体によるものに限らず，学会や任意団体によるものも
みられる。また，図書館や博物館の協会などでは倫理規定や行動規範が設けら
れている。いずれも対象は司書・学芸員に限定されず，ボランティアをはじめ
図書館・博物館にかかわるさまざまな立場が想定されているが，協会などの職
業集団による倫理規定や行動規範の存在は，専門的職員としての専門性を支え
る要件である[15]。継続的な研鑽が求められていることや，倫理規定・行動規
範が定められることは，社会教育主事や社会教育施設の専門的職員が生涯学習
支援にあたり負っている責任の大きさをあらわしているといえる。

　多様な立場にたつ生涯学習支援者の専門性を一元的に説明することは現実的
ではないが，生涯学習の支援者には，学習者の自由意思を重んじつつも，さま
ざまな学習者の存在を想定し，自己実現から社会貢献まで，幅広い学習へと導

くさまざまな判断が求められる。多様な主体の連携や協働が求められるなかにあって，それぞれの主体がもつ特性を発揮していくためにも，生涯学習支援を中心的に担ってきた社会教育主事や社会教育施設の専門的職員だけでなく，教員，首長部局の職員，NPOのメンバーにおいても，それぞれの専門性を検討し，専門性を高めるための研鑽を積むことが求められるといえよう。

【大木　由以】

【注】

1)　社会教育行政の「ネットワーク型行政」化を求めた1998年の生涯学習審議会答申「社会の変化に対応した今後の社会教育行政の在り方について」で，社会教育行政は，生涯学習振興を進める中核を担い，学校・民間の諸活動・首長部局などとの連携を進めるとされた。

2)　1999年生涯学習審議会答申「学習の成果を幅広く生かす」，2008年中央教育審議会答申「新しい時代を切り拓く生涯学習の振興方策について」，2013年中央教育審議会「第6期中央教育審議会生涯学習分科会における議論の整理」，2013年中央教育審議会生涯学習分科会「社会教育推進体制の在り方に関するワーキンググループにおける審議の整理」。2018年の中央教育審議会答申「人口減少時代の新しい地域づくりに向けた社会教育の振興方策について」では「オーガナイザー」としてさまざまな主体を結びつける役割が強調されている。

3)　宮坂広作『現代日本の社会教育―課題と展望』明石書店，1987，p.48。宮坂は「具体的な学習内容というのは，生活諸課題の科学的分析なのであるから，時代と社会の刻印を押された生活諸課題についての正確な認識が，学習プログラムを編成したり，学習者の援助をしたりするとき，必ず社会教育専門職員の力量として要請されるのである」と指摘している。

4)　1990年に制定された「生涯学習の振興のための施策の推進体制等の整備に関する法律」は，生涯学習の総合的な推進に向けた審議を行う場として，教育委員会に限らず知事に対しても建議をすることができる，行政横断的な都道府県生涯学習審議会の設置を可能とした。

5)　埼玉県八潮市の事例として，「生涯学習まちづくり」にかかわった行政職員の松澤利之へのインタビューがまとめられている。「首長・職員・市民―生涯学習まちづくりという施策」鈴木眞理・稲葉隆・藤原文雄編著『社会教育の公共性論』〈講座 転形期の社会教育Ⅴ〉学文社，pp.183-202。

6)　このあたりは，久井英輔「行政セクターによる社会教育」松岡廣路・松橋義樹・鈴木眞理編著『社会教育の基礎』〈講座 転形期の社会教育Ⅰ〉学文社，p.177-193。を参照。

7)　伊藤俊夫「社会教育におけるボランティア論」辻功・岸本幸次郎編著『社会教育の方法』〈社会教育講座第5巻〉第一法規出版，1979，p.37-60。岡本包治『これからの指導者・ボランティア 養成・研修・活用』〈現代生涯学習全集〉ぎょうせい，1992。

8) 1992年の生涯学習審議会答申では，ボランティアと生涯学習の関連が「第一は，ボランティア活動そのものが自己開発，自己実現につながる生涯学習となるという視点，第二は，ボランティア活動を行うために必要な知識・技術を習得するための学習として生涯学習があり，学習の成果を生かし，深める実践としてボランティア活動があるという視点，第三は，人々の生涯学習を支援するボランティア活動によって，生涯学習の振興が一層図られるという視点である」と説明された。

9) 展示解説など普及事業を担う博物館のボランティアは，1974年に開館した北九州市立美術館が開館準備の段階から養成をしており，その事例は古くからみられる。近年では多くの館に広がりがみられ，学校をはじめ福祉施設などへのアウトリーチも行っている（佐倉市立美術館）。

10) 東京都では1980年代半ばから，都立高校・都立大学などで公開講座が行われてきた。

11) 滋賀県蒲生郡竜王町公民館の事例。国立教育政策研究所社会教育実践研究センター作成の事例映像で紹介されている。https://www.nier.go.jp/jissen/el-Net/H28/index.html（2021年2月28日最終閲覧）.

12) 松下圭一『社会教育の終焉』筑摩書房，1986，p.88.

13) 上杉孝實「生涯学習を支える指導者たち」上杉孝實・岸本幸次郎編著『生涯学習時代の指導者像』〈生涯学習実践講座④〉亜紀書房，1988，p.15.

14) 宮坂広作，前掲書，p.67.

15) 日本図書館協会の「図書館員の倫理綱領」（1980年6月4日総会決議）は，司書資格の有無にかかわらず図書館で働く全職員に適用される。その内容は，同じ日本図書館協会が示す「図書館の自由に関する宣言」に対応しており，「利用者に対する責任」「資料に関する責任」「研修につとめる責任」などを示している。日本博物館協会についても，「博物館の設置及び運営上の望ましい基準」に対応する形で「博物館の原則 博物館関係者の行動規範」（2012年7月）を，全国美術館会議は，「美術館の原則と美術館関係者の行動指針」（2017年12月）を示した。

キーワード

社会教育指導者　専門職　専門性　指導系職員　社会教育主事　司書　学芸員
公民館主事　倫理規定

この章を深めるために

(1) 身近な生涯学習支援者にはどのような人がいるかを調べてみよう。
(2) 生涯学習支援者にはどのような役割があるか考えてみよう。

【参考文献】
鈴木眞理・津田英二編著『生涯学習の支援論』〈シリーズ生涯学習社会における社会教育第5巻〉学文社，2003
上杉孝實・岸本幸次郎編著『生涯学習時代の指導者像』〈生涯学習実践講座④〉亜紀書房，1988
『新しい時代の生涯学習支援者論』日本生涯教育学会年報 No.25，2004

第7章　学習者としての青少年

1　青少年期の理解

(1) 青少年期とは

　青少年とは，青年と少年のことであり，一般的には 12 ～ 25 歳くらいまでといわれてもいるが，明確な定義はない。生涯の発達段階を称するさまざまな表現のなかで，児童期，少年期と呼ばれる時期や，思春期，青年期と呼ばれる時期が含まれる段階に該当する。つまり，幼児期と成人期の間に当たるときである。近年では，この時期に対して「子ども・若者」という表現が用いられることも多い。

　幼児期において家族集団のなかで身体的知的発達の基礎を獲得したのちに訪れる青少年期は，家族の外に関係を広げ，そのなかで人間性を発達させる時期になる。人間の生涯でも，最も大きい身体的・社会的変化を経験することになり，他人との関係のなかで自我意識が進歩し，発展していく。社会集団のなかで自己の価値観や倫理観を形成し，子どもから大人へと成長していく過渡期でもある。

　とりわけ，青少年期後半にあたる，いわゆる青年期は，親（大人）の庇護や依存から抜け出し，自分の理想や価値に主体的に関与していく自我の発見や発達の時期である。エリクソン（Erikson, E.H.）は，「自分が何者であるか」という統合的な自己意識をアイデンティティと呼び，青年期にその形成をすることが課題であるとした。アイデンティティ形成そのものは，青年期に始まるわけでも終わるわけでもなく，その大半が生涯にわたって続く発達過程であるが，青年期のアイデンティティ形成はそれ以降の人生において，行動，考え方，生き

方に大きな影響をもつ。親子関係から始まり，きょうだい，友人，教師などとの相互的なかかわりを通して自己像を形成し，身体的変化や社会環境の変化のなかで，強い違和感を覚えたり，ときには過剰な自意識を抱きながら，自らの主体性に基づく自己を発見していく。そのなかでアイデンティティが形成されていくのである。

そのアイデンティティの形成のためには，自立の基盤の獲得と生き方の方向性の喪失を創造的に行き来しながら乗り越える時間が必要であり，それがモラトリアムと呼ばれる自立への猶予時期である。かつての時代の青少年は，義務教育を修了すると同時に，職業に就いて経済的な独立を果たし，また地域社会での役割も負うなどの社会的責務を果たすことも多かった。現代では，モラトリアム期間が延長される傾向にあることは指摘されているところである[1]。

(2) 生涯学習の時代における青少年期の意味

生涯学習の概念の提唱は，それまでの人間発達や教育・学習に対する観念を転換させ，生涯各期のあり方に変化をもたらした。加速度的に進歩し，複雑で多様化する社会では，青少年期にもつ「世の中はこうしたもの」という観念は一生通用するものでなくなり，「世の中はわからないもの」となった。人間は，人生観や価値観と，生活現実との均衡が保てなければ，世の中から疎外されてしまう。

このような社会では，生涯にわたって教育的努力を要する。ラングラン(Lengrand, P.) は「もし，教育的努力が全生涯を通じて行われなければならないということが認められるならば，そのときから教育の年齢があるとは主張できなくなる[2]」と語っている。この社会で生きるためには，常に変化する世の中を正しく解釈するための能力，それを獲得する学習があらゆる年齢において必要になる。

このことは，青少年期の教育や学習の捉え方を大きく変えることになる[3]。社会の急激な変化のなかで常に新しいことを学び続けていかなければ人生を生き抜くことができないとすれば，かつて青少年期に期待されていた「生涯を通じて必要とする知識・技術，その他一切を学びとる」という観念を捨てなけれ

ばならない。それに代えてそこで求められるのは,「生涯を通じて必要とする知識・技術を常に学び続けることができる能力や態度」であろう。青少年期にとっての教育や学習は,「将来」のための投資や準備に軸があるのではなく,「現在」を生きるためのものなのである。

　さらに,人生100年時代といわれる,これまでにない長寿社会を生きるうえでの青少年期の意味の問い直しも必要であろう。教育・労働・余暇などの諸活動を循環させる人生モデル[4]が示されるなか,青少年期にもつ人生の見通しは,これまでの世代が経験しえないものとなっている。予測できない不確実な将来に,従来どおりの生き方は通用しない。今,人生100年時代と真剣に向き合うべきは若年層なのである。

　青少年期は,将来への準備期という性格を抜け出し,青少年期の充実のための独自の内容をもつ存在として意識される必要が生じている。

2　学習者としての青少年の歩み

(1) 集団を基盤とした青少年活動の展開

　日本の青少年活動の起源は,江戸時代にさかのぼる。農村社会には,青年期に達するまでの年少者で組織する「子供組」や,青年組織の「若者組」などが存在した。子供組は,遊戯性を強くもちながらも年中行事や祭礼を主宰し,また,若者組は部落の治安維持や消防の役割なども担いながら,学制の整備以前の若者たちの社交,娯楽,部落の慣行を学ぶ場として機能していた。共同生活に必要な集団的訓練をまず子供組の過程で学び,さらに若者組に入って正式な陶冶を経験するという形の教育的機能があった[5]。また,武士の子弟でも,士道の向上,青少年訓練のための自治的な集団が存在していた。

　明治期になって,学制が整備され,子どもたちが学校に行くようになると,部落の若者集団のなかで知識を身につける必要がなくなり,同時に,警察や消防などの組織が整備されると,地域共同体で若者集団がその役割を担うこともなくなり,若者組は廃頽していく。こうした状況のなか,教師や僧侶の指導の

もとに有志の青年によって青年会や夜学会が結成される。これらは，学制の整備途上にあったこの時期に，義務教育から疎外された青年たちの不十分な学習機会を補完し，農業知識や社会常識の学習を中心とする学習活動であった。

　やがてこれらの青年活動は，日清戦争・日露戦争の銃後活動として政府に注目され，軍事教育や愛国教育の国家的観点の色彩が強まっていく。明治30年代（1897-1906）の後半になると，政府の指導で地域単位に青年団が結成され，教化政策のもとで，動員しやすい集団として利用された。その後，昭和に入ると，青年活動はますます戦時下の軍事態勢のなかに吸収されていき，官製的あるいは軍国主義的色合いを有していた。勤労青少年に対する小学校教育の補習と簡易な職業知識を伝授することを目的とした実業補習学校（1893（明治26）年に制定）は，1929（昭和4）年の文部省社会教育局の設置とともにその所管となり，さらに1935（昭和10）年になると兵式訓練を目的した青年訓練所とともに青年学校に統合され，社会教育による勤労青少年教育の体系が展開されていくことになった[6]。

　第二次世界大戦後の教育はGHQの指令の下に改革がなされ，戦前の官製的，軍国主義的体質を残している青少年団体はその色彩を一掃し，民主化へ向けた指導がなされた。教育指導者講習会（IFEL：Institute For Educational Leadership）の一環として，米国から講師を招いて青少年指導者講習会が実施され，グループワークの理論を中心に，討議，ワークショップ，レクリエーションなど，民主的な討議法と団体運営法の体験的な講習が行われた。IFELが提供したグループワークの理論は，その後の青少年活動に大きな影響を与えることとなった。

　1947（昭和22）年には教育基本法と学校教育法が公布され，六・三・三制が実施される新しい学校制度がスタートする。1949（昭和24）年には社会教育法が成立し，学校教育と並ぶ社会教育行政の新体制ができた。1950年代（昭和25-34）になると，戦争で多くの中堅層が失われた地域社会のなかで，青年たちが新しい村づくり，国づくりのために，社会の課題解決に向き合う新しい団体を誕生させていき，多くの青年団体が高度成長時代には興隆期を迎えた。

各地で，新しい時代に対応するための研究会，夜学会などが自発的に行われたり，公民館等での各種講座が開講されたりするようになるなか，1953（昭和28）年には青年学級振興法が成立し，勤労青少年に対する社会教育事業に財政的援助がなされるようになった。1950年代後半（昭和30-34）からは青少年の社会性訓練を求める時代の要請にこたえて青少年教育施設が整備されはじめ，集団宿泊訓練などの新しい青少年教育の形が定着していった。

(2) 青少年活動の質的変化—「居場所」の展開

　1980年代（昭和55～平成元）に日本の青少年活動は転換期を迎えることとなった[7]。集団指導を中心とした青少年活動が低調となったのである。その背景には，青少年の集団離れがあった。社会の成熟に伴って価値が多様化したことで，青少年の生活様式や志向にも変化が生じ，都市化のなかで「空間」「時間」「仲間」を失いつつ，青少年は集団活動の基本的価値から離れていった。そして，戦前戦後の日本の青少年教育の基本であった青少年の集団指導の方法のなかで，大人があるべき目標を設定してそれに向けて青少年を「指導」「育成」するという手法が有効性を失っていった。代わって登場したのは「居場所」というキーワードを用いた，それぞれの個の存在を肯定する場づくりの展開である。

　1990年代後半（平成7-11）からは，青少年の体験活動が重視され，生活体験活動，自然体験活動の必要性が注目された。背景として，子どもたちをとりまく現状について，ゆとりのない生活，実体験の不足，家庭や地域社会の教育力の低下などが指摘されるなか，いじめ，薬物乱用，性の逸脱行為などの憂慮すべき問題が生じていたことがある。また，2002（平成14）年の完全学校週5日制の実施に向けての取組が進められることもふまえ，地域社会における多様な体験学習プログラムの提供や，学校・家庭・地域社会の連携を支援する体制を整備し，脆弱になった生活体験，希薄になった人間関係を取り戻すべく，青少年にさまざまな体験が用意されることになった。これらの体験活動の肯定的効果の結果[8]も受け，多様な取組が実践されている。集団体験も青少年の体験不足の課題の1つとして捉えられ，グループワークなどの手法も多用されているところである。

さらに，ニートやひきこもりなど，困難をかかえる青少年の問題が深刻化し，2010（平成22）年に子ども・若者育成支援推進法が施行された。この法律では，青少年の社会的自立の遅れに対して，地域の関係機関が連携して対処していくことが喫緊の課題となり，教育，福祉，雇用などの関連分野の総合的推進が求められている。社会生活を円滑に営むうえでの困難を有する青少年に向けて，多様な側面からの支援の必要性が生じたのである。

　複雑化，複合化する社会問題は青少年をとりまく環境へも大きな影響を与え，学習者としての青少年の姿は大きく変化してきた。かつてのような集団活動を実践する姿はみられにくくなり，個々人の特性や志向に応じたそれぞれの「居場所」にその姿を移しているといえる。

3　青少年の今日的な姿からみえるもの

(1) 日本の青少年にみられる自己肯定感の特徴

　青少年の特徴は，いつの時代もその社会のあり様が反映されているといえる。近年の社会の大きな変化である核家族化，価値観・ライフスタイルの多様化，親の労働形態の変化は，青少年をとりまく家族に大きく影響を与えている。また，情報化によるインターネット・携帯電話の普及などは青少年の人間関係の構築やコミュニケーション力に新たな課題をもたらしている。そして，地縁的つながりを基盤とした地域の連帯感が薄れつつあるなかで，青少年の社会的な参加の場面が減少し，安心できる場の喪失とともに，不登校の増加やひきこもりの延長などの問題も懸念されている。

　そのような社会背景のなかで，近年の日本の青少年は，自己肯定感の低さを指摘されることも多い。自己肯定感を構成する自己満足度や自己有用感は，自己を見つめなおす指標でもあり，高低が過度に強調されるべきものともいえない。満足度や有用感が低いことは，伸びしろを秘めているとも受け取ることができるし，日本の謙遜を美徳とする文化意識の表れともいえるのかもしれない。ゆえに，その中身を問うことこそ，今の若者の真の姿に迫れるものといえる。

2018（平成 30）年内閣府が実施した「我が国と諸外国の若者の意識に関する調査」によれば，日本の若者の自己肯定感には，他国の若者にはみられない独自性があると分析されている[9]。他国の若者は，自分への満足感が自己有用感から切り離されて成立しているが，日本の若者の場合は，「自分がどうであるか」ということに加え，「他者にとって自分がどう役に立つか」という価値観が自己満足感にかかわる要因になっており，世代を超えて共通ではあるが，その傾向は 10 代後半において最も強く表れている。また，この自己肯定感は，「親に愛されている」という実感だけでは高まらないということも示されている[10]。

人とのかかわりのなかで自己へ価値観を築いていくという日本の若者の特徴を捉えるとともに，若者が自己有用性を感じにくい環境におかれた社会状況であることにも関心を向ける必要があるだろう。

(2) 人間関係の構築をめぐって

今日の社会では，情報メディアを利用し，非言語情報も含めた多様な手段を融合する高度で複雑なコミュニケーションを通して人間関係を構築している。時間も空間も超えて，親密にやり取りができる環境が存在する一方で，望まない，好まない，煩わしいやり取りは簡単に排除できる世界でもある。このようななかで，現代社会の人間関係の構築に課題が生じることもうなずけよう。

2019（令和元）年の文部科学省調査では，小学校から高校までの不登校の児童生徒は計 23 万人にのぼる[11]。不登校の理由や要因は複合的で，必ずしも人間関係に起因しているものとは限らないが，いじめや友人関係をめぐる問題が背景にあるとすれば，その多くは人間関係とかかわりがあるとも推測できる。また，現在，日本ではひきこもり状態にある 15〜39 歳までの若者が推計 54 万人とされ[12]，さらに，ひきこもりが長期化・高年齢化する懸念（いわゆる「8050問題」[13]）が広がっている。ひきこもりの特徴として，総じて人とのかかわりの苦手意識が高いことが指摘されており，自分の感情を表に出すことや，他者とのトラブル解決に対して，課題を感じている様子もうかがえる。

2020（令和 2）年の内閣府「子供・若者の意識に関する調査（令和元年度）」の

結果からは，何らかの対人関係を維持しておくことが，不登校経験をした者が無業者へと陥らない，あるいは陥ったとしてもそれを悪化させないために重要であると分析されている[14]。これは，不登校であっても，「誰か」（調査結果からは，「親・親族」「学校の友人・同級生」「職場の人」「地域の人」「ネットでの人」いずれでも構わないという考察をしている）と，対人関係をより良好に保つことが重要なポイントであって，良好な関係性を有していた者は，職業においても生活意識においても不利益を被りにくい可能性が示唆されているのである。

　不登校を経験した場合でも，その先の進路を主体的に選択し，自立的な社会生活を営むことにつなげていくためには，対人的なかかわりが失われないことが必要であり，そのための環境が求められる。家族のあり方が多様化するなかでは，家族だけに依存せず，地域社会のなかで対人関係が継続的に構築できることが望ましい。テクノロジーが発展する今後の社会を考えるなら，インターネットの利用による新しい形の対人関係を生み出すことも考えられる。

(3) 強い就労不安

　2017（平成29）年に内閣府が実施した「子供・若者の現状と意識に関する調査（平成29年度）」では，強い就労不安をかかえる若者の意識が報告されている。将来の職業生活にかかわる項目で，半数以上の若者が，不安の内容・要素に特化することなく総体的な不安感が強い結果となっているが，なかでも「十分な収入が得られるか」「老後の年金はどうなるか」「きちんと仕事はできるか」の項目では，7割以上が不安（「とても不安」「どちらかといえば」計）だと回答している。とりわけ，学生を含む10代後半の年齢階級に強い不安感が示されている。

　この調査結果の考察からは，この強い就労不安の源泉には，個人化した現在指向の意識（いまここの時点を最優先する考え方）が存在し，個人の力量で対応できるリスクの少ない心地よい生き方の選択をする傾向にあると分析されている[15]。2000（平成12）年前後から若者の非正規雇用やフリーターの増大が問題とされてきた。標準的な雇用によらず失業や離転職が常態化する現代では，個人の責任で職業生活を支え，収入や生きがいを得る努力が生涯を通して絶えず求められる。産業社会におけるこうした個人化の強まりが，多くの人々の仕事

をとりまく自己決定や対人関係の理解を変えていき，誰もが自分に見合った職業生活を死守しようとする危機意識をもちやすい。ゆえに，流動的な社会を前提としたリスクの少ない生き方の選択に結びついていくという見方である。

　学生を含む 10 代後半の年齢階級の不安は，過酷な就労経験や離職による辛い体験などが不安を呼び起こすといったものではなく，就労未経験者の将来に対する不安を意味していることになる。青少年期のキャリア教育のあり方を問い直すべき結果である。

4　学習者としての青少年に求められるもの

(1) 生涯学習の時代に生きることの自覚

　生涯にわたる学習が必要とされる社会においては，自らが主体的に学習できる能力，態度が求められる。学習要求が多様化し，高度化するなかでは，既存の教育制度のなかだけではなく，日常生活のあらゆる機会を利用して個人学習を進めていく力が必要だからである。そのことを青少年自身が自覚しなければならない。そのためにも，社会全体が人生における青少年期の位置を正しく理解することが肝要である。「自分が育てられたようなふうに自分のふるまいを息子や娘のモデルにしようと思う父親は，大間違いをする危険がある。彼はもはや耳を傾けられさえしなくなるだろう[16]」とラングランが語るように，わずか一世代の間でも生活様式や人生モデルには変化が生じていることを社会は認識しなければならない。

　やがて使うであろう知識・技術を貯蓄するという学習は意味を失っていく。テクノロジーの進化により，学び方も多様化し，IT 技術が急速に進展したことで個別化もしている。個人の興味やレベルに合わせて学びを選択する時代が到来し，それは，「子ども向け」「大人向け」といった学習素材を提供する側の基準も意味を失うことを示している。学習者としての青少年には，ペダゴジーからのアプローチとともに，アンドラゴジーの援用が求められ，人生 100 年時代の新たな学習理論やモデルを自己に取り入れる必要が生じてきている。人生

における学習の価値を青少年期に問うことは，強い就労不安を抱く現代の青少年にとって重要なことである。生涯学習というキーワードが，将来に対しての不安を払拭するものとなるだろう。

(2) 地域社会への主体的参加による自己形成

　地域がもつ，あるいは地域に内在されている教育力はきわめて多様で，青少年の成長に大きな影響を及ぼすということが指摘されている[17]。青少年が地域社会に参加を果たしていくことは，①社会的存在としての自己概念の形成（青少年），②世代継承機能をもつ地域社会形成（社会）として意義がある。青少年は，自らの成長を図るとともに，他者の成長や生活を援助もする。ゆえに，青少年の地域社会参加は，青少年の側からは参加を通じて自己の人間的成長を図ろうとするものであり，地域社会の側からは青少年のもつエネルギーを社会の進歩，発展に役立てようとするものとなる。

　問題は，その「参加」をどのように捉えるかということなのである[18]。地域には豊富に行事や集会はあるが，大事なのはそれらへの参加の過程において，青少年が参加の主役になりえるかどうかである。参加が他者から強要されたり，受動的，従属的であれば，それは決して青少年の真の自己形成にはつながらない。

　これには，青少年に向きあう地域社会の意識が問われるのである。つまり，青少年を地域の正式なメンバーとして位置づけるという意識が大前提として必要なのである。東京都世田谷区子ども・青少年協議会の報告書「若者の参加・参画を推進するための地域拠点づくりについて[19]」では，報告書の冒頭で "若者観の転換を―社会を担うパートナーとしての若者観―" と掲げられて，審議の背景について語られている。以下一部を引用する。

　一般的に子ども・若者は「次代を担う」「未来を担う」存在として語られることが多い。それではいったい，いつになったら若者は社会を担うことができるのであろうか。若者は，「今まさにこの社会を生きる主体であり，おとなとともに社会をつくる存在である」という，若者観の転換が今こそ求められているといえよう。より具体的には，若者を問題の根源としてみるのではなく，問題解決のパートナーとして捉えることである。若者のことは，若者が一番知っている。

社会の若者観の転換が求められている。そして，日本の青少年の自己肯定感は，社会のなかで主体的にさまざまな体験をし，そこでの自己有用感を得ることで高まりをみせるものであると考えられる。そのためにも，青少年が地域社会で「自分が役に立つ」という体験を重ねられる環境が必要である。青少年を地域社会の主体的参加者に位置づけることが社会の役割である。

(3) 価値観形成のための小集団学習

　日本の青少年の自己肯定感の形成に自己有用性が影響を受けていることを注目する一方で，アイデンティティ形成に重要な意味をもつこの時期に，社会の既存の価値観から解き放たれて，自分らしさを育むことも大切なこととして捉えていく必要もある。社会からの要求に応じるだけではなく，社会の価値観とぶつかったり，自己や他者のあり方を問い直すことが必要な時期だからである。そのためには，同世代の対話的で相互作用的な自己形成の場，小集団学習の場が求められる。

　小集団学習は，農村社会の青年層に広がった学習方法である。封建的体制に縛られて孤立し，心理的に行き詰った生活を強いられていた青年たちが，少人数の集まりのなかでいままで口にすることができなかったような問題，身近で切実な問題を出し合い，共通の問題を考え，共通の問題に悩む仲間の一人だという新しい連帯感を自覚することによって，人間性の疎外，主体性の喪失から回復する学びとして実践されてきた。

　現在でも，青少年に対する小集団の学習活動はみられるが，果たしてそれは，青少年の何を目的に実践されているのか，問い直す必要がある。千野は，青年の小集団学習は，あくまで青年活動のめざすところの一手段，一方式であることを強調し，小集団学習自体を目的とする枠のなかの誤った技術主義に陥りかねないことを指摘した。小集団学習の機能，活動のなかでの位置の正確な見通しが欠けてしまえば，次のような形になるという[20]。①いつまでも，誰でも一言はしゃべってもらわねばという，みせかけの平等主義が学習内容に優先し，②客観的認識にまで深めなければならない重要な問題も集中的には討議されず，問題深化への動機づけが挫折し，③公式的に，"仲間のなか (のみ) での話し合

い”だけが強調され，一人で考える個人学習の軽視，安易で浅薄な集団討議の偏重が助長され，④一人の脱落者もないようにという配慮から，個人の趣味をくすぐるような低俗な内容から内容に流れ，⑤“一人が百歩進むより百人が一歩”という言葉が，卑俗化・矮小化されて利用され，素朴な全体主義の強制のなかで，すぐれた能力・資質をひそめた若者たちの十分な力を伸ばしえず，逆に抑圧する結果すら招く。

　仲間づくりが，単に仲良しをつくり出す段階にとどまり，それが目的のごとくなる状況は，小集団学習の目的とのズレを生じさせる。学習の深まりをめざすには，小集団学習のなかで明らかにされた諸事実をふまえて，青少年活動のめざすところの実践活動に踏み込む展開が必要になってくる。そのときに初めて小集団学習の真の意味が活かされるのである。

　また，近年，環境問題，人権問題などグローバルな社会問題に敏感な若者の行動が世界で注目されている。それに倣う期待感が過度に寄せられ，学習活動が奉仕意識へのすり替えや予定調和的な活動になることはあってはならない。学習の実態が青少年の日常生活，活動から乖離した観念的なものになると，一気に形骸化，形式化する。青少年の学習活動がみせかけだけの参加，社会からの操り参加にならないような学習支援の立場を理解しなければならない。

　青少年の学習は，あくまで青少年のものである。青少年期は，多様な価値観に触れ，自立の基盤の獲得と生き方の方向性の喪失を創造的に行き来しながら乗り越える時期にある。その青少年の学習展開を図るための学習理論の理解と支援技術が求められている。

【阪本　陽子】

【注】
　1）　モラトリアムとは，本来「支払い猶予」を意味し，子どもから大人になる間の過渡期として，悩んだり葛藤したりしながら自己確立していく時期をさすが，若者のしらけや無気力などの否定的な特徴を捉える指摘（小此木啓吾『モラトリアム人間の時代』中央公論社，1978）があるほか，そもそも現代の社会状況では，モラトリアムはもはや認められなくなり，若者の過ごす時間から消滅しているという指摘（村澤和多理・

山尾貴則・村澤真保呂『ポストモラトリアム時代の若者たち―社会的排除を超えて』世界思想社，2012）もある。

2) ポール・ラングラン／波多野完治訳『生涯教育入門』全日本社会教育連合会，1971，p.49.

3) 生涯教育のなかで青少年教育がどのように位置づけられるかの概観は，吉川弘「生涯教育の中の青少年教育」『生涯教育と青少年教育』伊藤俊夫・山本恒夫・吉川弘，ぎょうせい，1981，p.3-25. を参照。

4) 政府は，人生100年時代を見据えた経済・社会システムを実現するための政策のグランドデザインに係る検討を行うため，2017年に「人生100年時代構想会議」が設置された。会議メンバーのL.グラットンからライフシフトという考え方が提示され，話題となった。人が100年も"健康に"生きる社会が到来するとき，従来の3つの人生のステージ（教育を受ける／仕事をする／引退して余生を過ごす）のモデルは大きく変質するとしている（L.グラットン，A.スコット／池村千秋訳『LIFE SHIFT（ライフシフト）』東洋経済新報社，2016）。

5) 子供組と若者組の関係については，竹内利美「子供組について」『民族學研究』21（4），日本民俗学協会，1957，p.277-283. に詳しい。

6) 社会教育による勤労青少年教育体系の展開については，宮原誠一「青年教育の歴史的背景」宮原誠一編『青年の学習』国土社，1960，p.63-77. に詳しい。

7) 青少年活動の転換期については，田中治彦『子ども・若者の居場所の構想―「教育」から「関わりの場」へ』学陽書房，2001. に詳しい。

8) 自然体験や生活体験といった体験が豊富な子どもやお手伝いをしている子ども，生活習慣が身についている子どもほど，自己肯定感や道徳観，正義感が高い傾向がみられる。近年の調査報告としては，国立青少年教育振興機構「青少年の体験活動等に関する意識調査（平成28年度調査）」2019. がある。

9) 加藤弘道「自尊感情の発達的推移とその関連要因の変化」内閣府『我が国と諸外国の若者の意識に関する調査（平成30年度）』2019，p.149-164.

10) 村上徹也「青少年教育の観点からの分析レポート」内閣府『子供・若者の意識に関する調査（令和元年度）』2020，p.150-158.

11) 文部科学省初等中等教育局児童生徒課「令和元年度 児童生徒の問題行動・不登校等生徒指導上の諸課題に関する調査結果について」2020. によると，理由別長期欠席者数のうち「不登校」とされている児童生徒は，小学校で5万3350人，中学校で12万7922人，高校で5万100人と報告がある。

12) 内閣府では，「若者の生活に関する調査（平成27年度）」をもとに，15〜39歳までの広義のひきこもり群の出現率を1.57%としており，調査年の15〜39歳までの人口は3445万人であることから，人口推計でいくと54.1万人となる。

13) 若者の引きこもりが長期化したことから，80代の親が50代の引きこもりの子どもをかかえて，親子で経済的，社会的に孤立した状態に陥る社会問題。

14) 加藤弘道「不登校経験と諸問題の関係―いじめ・ひきこもり・ニートとの関連から」内閣府『子供・若者の意識に関する調査（令和元年度）』2020，p.124-136.

15) 古賀正義「就労不安と働き方・ライフコース」内閣府『子供・若者の現状と意識に

関する調査（平成 29 年度）』p.144-152.

16) ポール・ラングラン, 前掲, p26.

17) 青少年の地域参加の意味については, 坂本登「青少年の地域参加の内容と方法」岡本包治編著『青少年の地域参加』〈生涯学習のまちづくりシリーズ 5〉ぎょうせい, 1989, p.7-38. を参照されたい。坂本は, 青少年が地域参加によって得られる成果について整理し, 青少年を地域の正式なメンバーとして位置づけることを主張している。

18) 共同意思決定のプロセスを強調する言葉として「参画」という言葉を用い, 「参加」との区別をしている論（萩原元昭編著『子どもの参画—参画型地域活動支援の方法』学文社, 2010）もあるが, ここではその意も込めて「参加」を使用する。

19) 東京都世田谷区子供・青少年協議会『若者の参加・参画を推進するための地域拠点づくりについて報告書』2015.

20) 小集団学習については, 千野陽一「青年学習集団のひろまりとふかまり」宮原誠一編, 前掲書, p.297-313. に詳しい。小集団学習の機能が欠けてしまう状態についての言及は, p303。

キーワード

生涯学習の時代の青少年期　居場所　自己肯定感　主体的参加

この章を深めるために

(1) 生涯学習の登場が青少年期の教育や学習の捉え方をどのように変えたかを考えてみよう。

(2) 現代社会の若者の特徴を捉え, それにふさわしい学習支援のあり方を考えてみよう。

【参考文献】
田中治彦・萩原建次郎編著『若者の居場所と参加』東洋館出版社, 2012
田中治彦『ユースワーク・青少年教育の歴史』東洋館出版社, 2015
鈴木眞理・馬場祐次朗編著『入門子供の活動支援と青少年教育ボランティア』学文社, 2016
鈴木眞理・青山鉄兵・内山淳子編著『社会教育の学習論—社会教育がめざす人間像を考える』〈講座 転換期の社会教育IV〉学文社, 2016

第8章　学習者としての成人

1　生涯発達論に基づく成人期の特性

(1) 生涯発達の考え方

　発達とは，人が生まれてから死に至るまでの心身の構造や機能，社会性など
の質的変化のことをいう。発達に類する語に成長があるが，発達が質的変化・
成熟をさすのに対し，成長は身長や体重が大きくなるなどの物的変化をさす。
また人間の成長や発達とかかわって，成熟という語も用いられるが，これは人
間の器官や身体が大人として完成するまでの過程をさす。人間の成長は人生の
前半段階でピークを迎え，それ以降は老化，人間の生殖機能も閉経や更年期な
どを迎え衰えていく。

　このように，成長や成熟は人生の前半段階に焦点が当てられたものだが，発
達研究においても従来，人生の前半段階に主な関心が寄せられてきた。それは，
心理学者たちの示す発達段階をみれば明らかである。発達段階とは，人間の発
達に即して人生の各時期を区分したもので，ピアジェ（Piaget, J.）は，知能の
発達に注目して4つの発達段階を設定，フロイト（Freud, S.）も，人格の発達を
リビドー（性衝動）の発達と関連づけて彼独自の発達段階を提示している。両
者とも発達段階は人生の前半段階に設定されており，人間の知能や人格の発達
は成人するまでに終わると考えられていたのである。

　それに対し生涯発達の考え方では，成人して以降も含め，生涯にわたる人間
の発達に注目する。今日，生涯発達の考え方が見直され，注目されるように
なってきているのは，平均寿命の伸長やエイジング研究の成果によるものだが，
その先駆的な研究としてエリクソン（Erikson, E.H.）のライフサイクル論をあげ

ることができる。

(2) エリクソンのライフサイクル論にみる成人期の特徴

　前項で述べたとおりエリクソンは，人間はその生涯を通して発達を遂げるものと考え，図8-1に示すような8つの発達段階を示している。それは発達の心理・社会的側面に注目するもので，発達は個人をとりまく環境との相互作用のなかで起こるものと考えられている。彼は，8つの発達段階においてそれぞれ達成されるべき課題（発達課題）を設定し，その達成における葛藤を「心理・社会的危機」と呼ぶ。そして，課題達成のもと次の段階へと進行し，人間の発達

発達段階	心理・社会的危機（人間的強さ）							
Ⅷ 老年期								統合 対 絶望・嫌悪 **英知**
Ⅶ 成人期							生殖性 対 停滞 **世話**	
Ⅵ 前成人期						親密 対 孤立 **愛**		
Ⅴ 青年期					同一性 対 同一性混乱 **忠誠**			
Ⅳ 学童期				勤勉性 対 劣等感 **適格**				
Ⅲ 遊戯期			自主性 対 罪悪感 **目的**					
Ⅱ 幼児期初期		自律性 対 恥・疑惑 **意志**						
Ⅰ 乳児期	基本的信頼 対 基本的不信 **希望**							

図 8-1　エリクソンの発達段階

出典：エリクソン，E.H.／村瀬孝雄・近藤邦夫訳『ライフサイクル，その完結』みすず書房，1989，p.73

は新たな局面を迎えていく。

　このエリクソンのライフサイクル論では，成人期には「生殖性　対　停滞性」という対立命題が与えられている。この生殖性という表現は，子どもを産むといった意味にとどまるものではない。これは生産性や創造性とともに世代継承的な意味をも与えられたもので，エリクソンは，これにジェネラティビティ（generativity）という語を充てている[1]。このジェネラティビティの概念は，世代を継承し，続く世代を世話する役割を果たし社会を維持・発展させていくために欠かせないものであり，エリクソンのライフサイクル論においてもきわめて重要な概念であると考えられる。

　こうしたエリクソンのライフサイクル論に従えば，成人期は広く世代継承という社会的役割を期待されているということになる。それは実際に成人が果たしている役割からも理解されよう。つまり，結婚，出産，就職など社会の一員として参加する段階を経て，子どもの保護者として，職場の上司として，地域のリーダーとしての役割を成人は社会から期待されるようになる。そして実際に多くの成人が社会から信頼される存在としての役割を演じているのである。またその背景にはかれらが社会への参加を通して培ってきた経験がある。

(3) 成人期と成人理解の課題

　前項で述べた成人像はしかし，「生殖性 対 停滞性」の発達課題を達成できた成人のそれである。そうした課題を達成できずにいる成人ももちろん存在するし，これまでの人生経験の枠に閉じこもり，頑（かたく）なで視野の狭いネガティブな成人のイメージも存在する。

　「中年の危機」という表現は，こうしたネガティブな成人像と結びつけて理解されるものである。かつては青年期における自己同一性（アイデンティティ）の危機が重視されてきた一方，成人期の問題についてはあまり関心を向けられてはこなかった。しかし，レビンソン（Levinson, D. J.）は「中年の危機」を人生半ばの過渡期と呼んで，多くの成人が，ある種の選択を迫られるような状況とそれへの対処行動において何らかの危機を体験していること指摘している[2]。中高年の自殺やうつ病，ひきこもり，児童虐待といった病理もジェネラティビ

ティの問題と関連した「中年の危機」と考えることができる。こうした「中年の危機」は，家庭や職場での人間関係や業務に関するストレスなど，以前から指摘されるものではあったが，モラトリアムの長期化などに伴い，成人期において青年期や前成人期の発達課題を達成しなければならない成人が増加し，さらに拡大していると考えることができる。

　このように成人像は，ポジティブで信頼される成人像と危機をかかえた頑なで視野の狭いネガティブな成人像とに分裂，拡散しており，成人期の特徴を単純に捉えることはむずかしい。しかも，その成人像は時代や社会，文化などによっても変化しうるものである。この点については，ハヴィガースト（Havighurst, R.J.）の発達課題を例にあげると理解しやすい。

　ハヴィガーストは，幼児期から老年期に至るまでの6つの段階において，表8-1に示すような人々の生活においてよくみられるような課題を記述的に示している。しかもそれは，人生各時期の学習課題設定への示唆に富むものと位置づけられ，実際に学習課題設定の指標として用いられてきたこともある。

　しかし彼の発達課題は，彼の生きた1940~50年代のアメリカの中流階級の文化を反映したものであり，あらゆる社会，文化に普遍的なものではない。したがって，彼の発達課題を社会，文化的文脈を考慮することなく用いることは

表8-1　ハヴィガーストの発達課題

〔壮年初期〕	〔中年期〕
1. 配偶者を選ぶこと	1. 大人としての市民的・社会的責任を達成すること
2. 配偶者との生活を学ぶこと	2. 家庭から社会への子どもの移行に助力すること
3. 第一子を家族に加えること	3. 一定の経済的生活水準を築き，それを維持すること
4. 子供を育てること	4. 10代の子供たちが信頼できる幸福な大人になれるよう助けること
5. 家庭を管理すること	5. 大人の余暇活動を充実すること
6. 職業に就くこと	6. 自分と配偶者とが人間として結びつくこと
7. 市民的責任を負うこと	7. 中年期の生理的変化を受け入れ，それに適応すること
8. 適した社会集団を見つけること	8. 年老いた両親に適応すること

注：壮年初期および中年期のみ抜粋
出典：ハヴィガースト，R. J.／荘司雅子訳『人間の発達課題と教育』玉川大学出版部，1995.

避けなければならない。またハヴィガーストに限らず，標準化された課題をあらゆる人々に共通する学習課題として示すことも困難である。

　このように，成人はきわめて多様な存在であり，成人の多様性は一面的な成人理解を困難なものとしている。そしてそのことは，成人の学習支援の理論構築が困難であることの背景ともなっているのである。

2　成人の学習を支援する方法

　成人の学習をいかに支援するかは，成人の特性をいかに理解するかと密接に結びついている。本節では，自己決定的な成人理解に基づくノールズのアンドラゴジー論や，それに否定的なメジローの変容的学習論，コルブの経験学習，レイヴとウェンガーの状況的学習論などを取り上げながら，成人に対する学習支援のあり方について検討する。

(1) ノールズのアンドラゴジー論

　成人の学習については，長い間子どもの学習と同じように理解され，支援されてきた。それは，成人の学習者がわずかであった時代にはさほどの問題とならなかったかもしれない。しかし，1920年代に成人教育が体系的に組織化されはじめると，成人を教える教師はペダゴジー（子どもを教育する技術と科学）的なモデルにいくらかの問題点を感じるようになる。たとえば教育を知識伝達のプロセスとして捉えることが変化の速度が加速化している時代においては実用的ではないこと，ペダゴジーにおける学習者の特性に関する考え方が成人学習者にはあてはまらないことなどである。そこでかれらは，ペダゴジーとは異なる考え方を試しはじめ，そのほうがよりよい結果をしばしばもたらすこととなった。

　1950年代には，成人教育の成功事例を分析し，共通する原理を引き出そうとする試みが登場し，さらに1960年代になると，成人の学習の内面的なプロセスに焦点を当て科学的に構成された研究の萌芽が現れ，また前節で取り上げた発達心理学などほかの分野からの数多くの知識の蓄積も，成人の学習の独自

性を支持するものとなった。こうして，成人の学習に関する新しい理論モデルをペダゴジーと区別する必要性が高まり，ヨーロッパの成人教育者たちはそれに「アンドラゴジー」というラベルを貼りつける。このアンドラゴジーに成人教育の理論的な基礎づけを与えたのがノールズ (Knowles, M.S.) である。

　ノールズはアンドラゴジーを「成人の学習を援助する技術と科学」と定義し，ペダゴジーと対置させながらそれを構成する成人学習者の特性に関する4つの重要な考え方を示した。それらは，人間が成熟するにつれて以下のようになると捉えるものである[3]。

1. 自己概念は，依存的なパーソナリティのものから自己決定的な人間のものになっていく
2. 人は経験をますます蓄積するようになるが，これが学習へのきわめて豊かな資源になっていく
3. 学習へのレディネス[4]は，ますます社会的役割の発達課題に向けられていくようになる
4. 時間的見通しは，知識を将来応用するというものからすぐに応用するものへと変化し，それゆえに学習への方向づけは，教科中心的なものから問題中心的なものへと変化する

　こうした考え方のもと，ノールズは以下の7段階を含むアンドラゴジーのプロセスを示す[5]。

1. 成人学習につながる雰囲気の創出
2. 参加的学習計画のための組織構造の確立
3. 学習のためのニーズの診断
4. 学習（目標）の方向性の設定
5. 学習活動計画の開発
6. 学習活動の実施
7. 学習ニーズの再診断（評価）

　このプロセスでは成人の自己決定性が尊重され，学習者が計画の進行に積極的に関与する一方，教育者の主な役割は学習者のニーズを満たす情報提供者と

してのそれにとどまる。このような情報の提供による学習者のニーズ充足を重視するモデルは，クラントンによれば，北アメリカの一般的な成人教育のモデルとなっているというが，他方でさまざまな問題も指摘されてきた。

　まず，アンドラゴジーとペダゴジーの関係性についてである。ノールズは当初アンドラゴジーをペダゴジーと対置させていたが，子どもの教育でもアンドラゴジーモデルがよりすぐれた学習を生みだすとの学校教員からの指摘を受けた。そこで彼は，アンドラゴジーはペダゴジーのモデルと並んで使われる成人学習の別のモデルとみなすようになっている。

　また，成人の自己決定的な自己概念についても，あまりに安易であるという批判がある。成人であればみな自己決定的で信頼できる存在というわけではなく，頑なで視野の狭い，他者依存的な成人も存在しているからだが，アンドラゴジーとペダゴジーを二分的に捉えず，適合の度合いが検証されるべき2つのモデルと考えるのであれば，この批判は必ずしもあたらない。さらに問題中心的な学習に傾倒しているという点もしばし批判の対象となる。成人の学習活動には問題解決を目的としない活動も多く存在しているが，これらの活動についてはアンドラゴジーのモデルでは十分に説明しきれないのである。

　いっぽう，ノールズは経験の役割について，豊かな学習の資源としての側面とともに，固定した思考の習癖やパターンといったネガティブな側面も指摘しており，この点は注目に値する。こうした経験のネガティブな側面に注目して成人の学習のあり方に迫る試みものちに現れることになる。

(2) メジローの変容的学習論

　成人の経験を豊かな学習の資源として積極的に位置づけたノールズに対し，そのネガティブな側面に注目するのがメジロー（Mezirow, J.）である。彼は，個々人がもつ準拠枠（Frames of Reference）を変容させていくプロセスとしての変容的学習を主張する。つまり成人は，日常生活のなかで図らずも歪んだ心の習慣や意味づけの視点を身につけてしまっており，それを変容させるのが変容的学習なのである。

　個々人の心の習慣や意味づけの視点は，彼・彼女自身の「前提」と言い換え

ることができるが，それまでの人生経験によって形づくられたものである。その変容は，それを批判的に振り返ること（批判的省察）が必要となる。それは成人期において起こりやすく，形成的プロセスである子どもの発達に対し，成人の発達は変容的プロセスであると説明される[6]。

　では，どのような場合に変容的学習が起こりえるのか。新たな知識や出来事は，準拠枠に照らしあわされ，意味づけがなされる。いわば「状況との対話」であるが，前節で述べた「中年の危機」のような場面では，準拠枠に照らしての意味づけができなくなる。こうした状況をメジローは「混乱的ジレンマ」と呼び，新たな準拠枠の形成や行動様式を追求していくのだという[7]。

　「混乱的ジレンマ」から始まる変容的学習のプロセスでは，経験の意味をより理解するために他者との活発な対話が期待される。自己の経験を批判的に振り返るには，自己の経験と他者のそれを比較し，相対化することが必要となるからである。教育者の役割も，ノールズが示した情報提供者としての役割にとどまらず，学習者への深い関与が求められることになる。しかし，メジローは10段階からなる変容的学習のプロセスを示してはいるものの，どのように準拠枠が変容していくのかについて十分には説明できていない。

　またブルックフィールド（Brookfield, S.）は，批判的省察は変容的学習において必要条件ではあるが，十分条件ではないとする。批判的省察が変容的学習に至るのは，それが覇権への挑戦を促進するときであり，それが根本的な問題や行動様式の再構築につながる場合においてであるというのである。つまり，批判的省察だけでは変容的学習とはならないのであり，この捉え方では，準拠枠や行動様式の変容を伴わなければ変容的学習は成立しないことになる。そこに変容的学習へのもう1つの批判がある。多様である成人の「前提」の変容について，そのあり方やプロセスをどう捉えるか，課題は多く残されている。

　なお，変容的学習論同様に省察，振り返りを中核とする学習理論には，ショーン（Schön, D.A.）によって提唱された省察的（反省的）実践論もあげられる[8]。変容的学習論と省察的実践論を関連づけることで，成人の学習への理解をさらに深めることも可能であろう[9]。

(3) コルブの経験学習論

　人々が身をゆだね，意味や目的，方向性を見いだす経験の役割に注目したのは，これまで述べてきたノールズやメジローだけではない。多くの研究者たちが「経験から学ぶ」，経験学習の理論研究を進めてきた。コルブ（Kolb, D.A.）もその一人で，彼は自己の経験から学びを得る経験学習のサイクルを示している。

　コルブによれば，新たな経験なくして真の意味で学ぶことはできない。学びを得るためには，新たな経験に対して心を開き，それを意識し吟味することが必要なのだという。またその際，学習者としてのアイデンティティを欠くことはできない。経験学習は，自らを学習者として自覚し，学習しようという姿勢で経験を追求し，自身の学習能力を信じることから始まる。

　そしてコルブは，「経験」「検討（省察）」「思考」「行動」の４つのステップからなる経験学習のサイクルを示す[10]。たとえば，ワイパーのスイッチが入らないという「具体的な経験」から始まり，応急の対策を「検討」する。その後，新車の購入を「考える」ようになり，調査を開始，新車を購入するという「行動」へと導かれるのである。しかもこの学習サイクルは，新たな経験へとつながる進行中のスパイラルとして示されるもので，コルブの経験学習論は循環型のモデルとなっている。また学習者は経験を通して情報を受け取るだけでなく，関連する情報と結びつけ行動を起こす，情報の発信者でもある。

　この学習サイクルには，経験することと検討すること，考察することと行動することという対極的なステップが含まれており，どのステップが強調されるかは個々人によって異なる。それは学習のスタイルとでもいうべきもので，コルブは以下の９つのスタイルをあげて説明している[11]。

1.「経験」するスタイル	6.「決定」するスタイル
2.「想像」するスタイル	7.「行動」するスタイル
3.「検討」するスタイル	8.「開始」するスタイル
4.「分析」するスタイル	9.「バランス」を取るスタイル
5.「思考」するスタイル	

これらの学習スタイルは，個々人が得手とするものでもあるため，強みを生かすべく，得手とするスタイルが利用できる状況を選択し，そうでない状況を避けるようになる。個々人の選好するスタイルを知ることで，その学習スタイルをうまく利用できるようにもなり，また強みが発揮できないときにはその理由や改善の手がかりも得られるようになる。さらに学習スタイルの違いは，コミュニケーション方法の違いを説明することにもなる。お互いの学習スタイルを知ることで，チームとして課題に取り組む際の強みや欠点を知ることができ，学習の各ステップで誰がリーダーシップを発揮できるかも明らかとなる。このように，学習スタイルを知ることは，学習の効果を高めることにつながるのである。

(4) レイヴとウェンガーの状況的学習論

　またレイヴ（Lave, J.）とウェンガー（Wenger, E.）は，学習を教育から独立した社会的実践への参加のプロセスとみなす。社会的実践の文脈から切り離されたものとみるのでなく，知識や学習がそれぞれ関係的であり，意味が「交渉」でつくられ，そこに関与した人々にとって関心をもたれたものとして学習を捉え，それゆえに状況的学習（状況に埋め込まれた学習）と呼んでいる。

　状況的な学習を特徴づける，社会的実践への参加のプロセスとしての学習観は，「正統的周辺参加」の概念によって説明される。これは，新参者が実践的共同体のメンバーとなり，「社会文化的な実践の十全的参加者」，つまる古参者になるプロセスを通して学習の意味が形づくられるというものである[12]。またこの考え方は，意図的教授と学習とを根本的に区別するもので，「どんな教育形態が学習の文脈を提供したとしても，あるいは意図的な教育形態の有無にもかかわらず，正統的周辺参加を通した学習が成立する[13]」という。

　こうした正統的周辺参加の概念は，徒弟制に対するかれらの関心からスタートしたもので，つまり，徒弟たちが，教え込まれたり試験を受けたりすることもないまま熟練者になっていくのはなぜかという問いに端を発している。しかしそれは，徒弟制だけでなくさまざまな社会的実践においてみられるものである。とある宗教に勧誘された者が信仰を高め，新たな信者を勧誘する立場にな

るプロセスしかり，新参者がその土地の方言を身につけていくプロセスしかり，新入社員がその会社の流儀を学んでいくプロセスしかりである。

　しかし，このような学習のプロセスはきわめて多様であり，何が学習されるかも含め予測が困難である。また，十全的参加者になることへの欲求が学習を動機づけるがゆえに，実践的共同体の十全的活動へのアクセス確保が問われることになるのだが，そもそも人々が社会的実践に参加しようとするのはなぜかという根源的な問いに対しては語られない。状況的学習論や正統的周辺参加は成人の学習の理解やそれをもとにした支援に有効な示唆を与えるものには違いないが，同時に成人の学習の一面を説明するにすぎないのである。

　前節でも述べたとおり，成人は多様な存在であるだけに，成人の特性や成人の学習に対する認識も多様である。そしてそれは成人の学習を支援する方法の多様性を示すことにもなるのである。

3　成人の学習における学習機会の役割

(1) 成人の問題解決の場としての学習機会

　成人の学習の問題解決的な側面を強調するノールズのアンドラゴジー論に従えば，問題解決の場としての学習機会の役割が浮かび上がる。とりわけ，職業上の問題解決の場，職業能力開発の場として成人の学習機会はこれまでも大きな役割を果たしてきたが，近年さらにその重要性を高めている。

　インターネットや携帯電話の普及，情報技術の高度化に伴い，情報が資源同様の価値をもち，社会が情報に依存するような高度情報化社会への移行が進んでいる。そうした社会では，情報を取り扱う知識や技術の有無は労働者の価値と結びつく。こうして労働者はその価値を高めるために，情報を取り扱う知識や技術を獲得しようとするようになる。高度情報化社会への移行は，このように職業上の問題解決とも関連しながら成人の学習の重要性を高めている。とりわけ，知識や技術の陳腐化の速さは，就業後の再教育の必要性を増大させ，成人に対する継続的な学習の機会が要請されることになるのである。

成人のキャリア形成，職業能力開発については，日本では従来，企業内教育が大きな役割を果たしてきた。しかし，高度化する知識や技術への対応や企業内教育に飽き足らず，さらなるステップアップを図ろうとする労働者のニーズ充足の場として高等教育機関（大学・大学院）への期待が高まっている。事実，2003 年には従来の大学院とは異なり学位授与の要件として論文審査などを必要としない専門職学位課程（専門職大学院）も設置され，研究者の養成に加え，職業能力開発という新たな役割が大学院に加わった。

　文部科学省が実施している「学校基本調査」によれば，2020 年時点での社会人学生は専門職学位課程では 52.4% と半数を超え，社会人の教育機関として機能していることが読み取れる。しかし全体でみれば 24.7% にとどまり，大学院で学ぶ社会人が多数を占めるような状況には至っていない。また学位の取得がその後のキャリアアップや転職において評価されないといった場合，学習意欲を喚起できない。労働者全体の能力向上を考えるとき，学習者の自発性のみに頼るのではなく，学習のインセンティブが問われることになる。

　さて，解決が必要な問題は個人のレベルにのみ存在しているわけではない。社会にとって解決が必要な問題も数多く存在している。このように，社会の問題解決も学習機会の果たす役割となる。

　しかし，そうした問題を認識し解決に向けて立ち上がる学習者ばかりではない。学習課題には必要課題[14]と呼ばれるものと要求課題と呼ばれるものがあるが，学習者が学びたいと考えている要求課題についてはノールズのアンドラゴジー論から理解し支援することも容易であろう。しかし必要課題については，学習者のニーズを前提とするノールズのアンドラゴジー論ではうまく理解することができない。そうした学習ではむしろ，自己の経験を批判的に省察するメジローの変容的学習や「経験」「検討」「思考」「行動」のサイクルをなすコルブの経験学習モデルをもとに学習活動を編成したほうがより豊かな実りをもたらすことになるだろう。

(2) 成人の自己実現の場としての学習機会

　しかし，先に述べたとおり成人の学習には問題解決を目的としない活動も多

くみられる。フール（Houle, C.O.）が行った 22 名の成人学習者に対する先駆的なインタビュー調査は，成人学習者が３つのタイプに分類されるという仮説を導くこととなったが，それら３つのタイプは目標志向型（goal-oriented），活動志向型（activity-oriented），学習志向型（learning-oriented）と名づけられている[15]。目標志向型は，学習を明確な目標を達成するためのものとして捉えるタイプであり，問題解決と結びつけて考えることも容易である。しかし，学習の目的や内容とはあまり関係のない意味を学習活動への参加に見いだすタイプの活動志向型や，学ぶことそれ自体に意味を見いだすような学習志向型の学習者に対しては，問題解決を目的とする学習者とは異なる視点で理解し支援しなければならない。

　とりわけ，学ぶことを生きがいとするような学習志向型の学習者もみられるが，かれらにとって学習機会は自己実現のための場ともなりうる。日本の生涯学習の特徴として生活の時間的・経済的な余裕を「自己の向上」に使おうとする傾向，「学習活動」を「楽しむ」傾向が指摘されている[16]。このことは自己実現の場として学習機会が実際に少なからぬ役割を果たしていることを示しているのである。

(3) 成人の「居場所」としての学習機会

　いっぽう，活動志向型のなかには他者とのかかわりをもつために学習機会に参加するという学習者，達成動機ではなく親和的な動機に基づいて学習活動に参加する学習者もいよう。こうした学習者にとって学習機会は「居場所」なのであり，これまで述べてきたものとはまた異なる学習機会の役割がある。

　また「中年の危機」にあり困難をかかえている成人が，社会とのかかわりを回復していくための安心できる「居場所」として学習機会が機能することも考えられる。いずれにしても，成人の「居場所」として学習機会を捉えるならば，問題解決的，達成動機の枠組みから学習を理解することは避けなければならず，親和的な動機や人間関係を損なわない学習者支援が求められるのである。

4 成人の学習支援における課題

(1) 成人の多様性と経験の役割

これまでみてきたように，成人の学習を理解し支援する方法については，さまざまな論者がそれぞれの立場から主張しており，合意をみていない。そもそも，成人の学習を支援する基礎となる成人の特性の理解も，歴史的・社会的に変化するものである。エリクソンは，老年期の「発見」などを例にあげ，心理・社会的なライフサイクルの理論化における「歴史的相対性」という問題を指摘しているが，これはライフサイクルが歴史的・社会的な影響を受け変動するものであることを示すものである。安定した中年期というイメージに対して「中年の危機」が注目されるようになったことも同様である。成人が多様な存在であるならば，学習者としての成人をどのように捉え，どのように支援するのか，その理解が異なるのもやむを得ないことであり，個々の学習者の特性に応じた支援が求められることになろう。

このように成人の学習の独自性や特殊性に目を向ければ，その多様性ゆえに成人の学習支援のあり方をめぐって混乱すら与えかねない。しかし，成人の学習の普遍性に目を向けるならば，成人の経験の果たす役割が浮かび上がる。本章で取り上げたノールズのアンドラゴジー論，メジローの変容的学習論，コルブの経験学習論，レイヴとウェンガーの状況的学習論のいずれもなんらかの形で経験がその論において主要な役割を果たしていたのである。多くの経験を有する存在であるということはほぼすべての成人に共通していることであり，成人学習者の経験をどのように理解するかが学習支援の鍵となるはずである。

(2) 「フォーマルな教育」と「ノンフォーマルな教育」「インフォーマルな教育」への注目

さて，教育・学習を理解する枠組みとして，「フォーマルな教育（学習）」「ノンフォーマルな教育（学習）」「インフォーマルな教育（学習）」という三類型論がある。これらの語について鈴木眞理は，制度的な側面からフォーマルな教育とインフォーマルな教育とに，組織化の様式からフォーマルな教育とノン

フォーマルな教育とに区分している[17]。この三類型論をもとに成人の学習を捉え理解することもできる。たとえば永井健夫は，実践者本位の暫定的で試行的な「インフォーマルな理論」を省察的実践の鍵としており，「インフォーマルな理論」と「インフォーマルな学習」との関連について検討している[18]。永井によれば，インフォーマルな理論が探求される省察的実践の過程は意図的でインフォーマルな学習としての SDL（Self-Directed Learning：自己主導型学習）の過程でもあり，インフォーマルな学習が尊重される教育，社会を求めている[19]。

　また，これら三類型は，制度化の程度や組織化の原理としての側面とともに，教育や学習の場面や形態をさすものとして理解することもできる[20]。多様な成人の学習のあり方については，1つのものさしだけでは十分に説明することはできない。これら三類型の考え方は成人の学習を整理するさいにも有用なものとなるだろう。

【市原　光匡】

【注】
1)　エリクソン，E.H.／村瀬孝雄・近藤邦夫訳『ライフサイクル，その完結』みすず書房，1989，p.88.
2)　レビンソン，D.J.／南博訳『ライフサイクルの心理学（上）』講談社，1992，pp.56-60.
3)　ノールズ，M.S.／堀薫夫・三輪建二監訳『成人教育の現代的実践―ペダゴジーからアンドラゴジーへ』鳳書房，2002，p.40.
4)　学習を効果的なものとする条件，またはそれが整った状態のこと。
5)　ノールズ，M.S.，注3前掲書，p.65.
6)　Mezirow, J., *Education for Perspective Transformation: Women's Re-entry Programs in Community Colleges*. Teachers College, Columbia University, 1978, p.11-12.
7)　Mezirow, J., *Transformative Dimensions of Adult Learning*, Jossey-Bass, 1991, p.167-168.
8)　ショーンの省察的実践論については，ショーン，A.D.／佐藤学・秋田喜代美訳『専門家の知恵―反省的実践家は行為しながら考える』ゆみる出版，2001. などを参照のこと。
9)　永井健夫は，Rolfe の看護実践論の観点から，省察的実践について検討しているが，

省察的実践には人間理解や解放に関わる変化や学習が伴う可能性を指摘している（永井健夫「変容的学習理論における『省察的実践』の意義—Gary Rolfe による看護実践論の視点からの試論」『大学改革と生涯学習』第 21 号，山梨学院生涯学習センター，2017，p.91-101）。

10）　コルブ，D.A. & ピーターソン，K. ／中野眞由美訳『最強の経験学習』辰巳出版，2018，p.33.
11）　同上書，p.60.
12）　レイヴ，J. & ウェンガー，E. ／佐伯胖訳『状況に埋め込まれた学習—正統的周辺参加』産業図書，1993，p.1-2.
13）　同上書，p.17.
14）　人々は必ずしも学習したいと思っていないかもしれないが，社会にとっては解決が必要で学習されることが望ましい課題のこと。
15）　Houle, C.O., *The Inquiring Mind*, The University of Wisconsin Press, 1961, p.15-16.
16）　岡本薫『行政関係者のための新版入門・生涯学習政策』全日本社会教育連合会，1996，p.24.
17）　鈴木眞理「社会教育の特性と社会教育の研究」『生涯学習・社会教育研究ジャーナル』第 3 号，p.157-158. 鈴木によれば，制度として確立しているものがフォーマルな教育であり，その対極にインフォーマルな教育が，また公的・行政的な権力・権威・規制を受けたフォーマルな教育に対し，それによらない組織化の特徴を有するものとしてノンフォーマルな教育が位置づけられる。
18）　永井健夫「『インフォーマルな理論』と『インフォーマルな学習』の関係について」『大学改革と生涯学習』第 23 号，山梨学院生涯学習センター，2019，p.93-101.
19）　同上書，p.98.
20）　鈴木，注 17 前掲，p.158.

キーワード

生涯発達　発達課題　ジェネラティビティ　アンドラゴジー　批判的省察
正統的周辺参加　必要課題　自己実現

この章を深めるために

(1) 学習は成人の発達にどのような影響を与えるのか，両者の関係について検討しよう。
(2) 成人の学習において経験はどのような役割を果たしているのか，さまざまな具体例をあげながら検討してみよう。

第9章　学習者としての高齢者

1　現代社会と高齢者

（1）高齢社会を考える2つの視点

　人口の高齢化は世界共通の動向であり，国際社会の一課題となっている。国連は1999（平成11）年を国際高齢者年とし，各国で取組が行われた。なかでも超高齢社会といわれる現在の日本は，世界で最も高齢化が進んだ国である。さらに，わが国では長寿化と少子化が同時に進行し，2008（平成20）年を境に総人口が減少する人口減少社会に入った。人口減少社会において人口構造が高齢化する際の課題を考えるには2つの視点が見いだせる。1つはマクロな視点での社会問題で，国としての労働力不足とこれに伴う税収の減少や年金・医療等の社会保障制度の揺らぎがあげられる。もう1つは，長期にわたる高齢期をいかに心身豊かに過ごすかという，すべての世代がやがて直面する高齢者個人のミクロな視点の課題である。

　加齢（aging）による心身の状態には個人差があるが，わが国では現在まで暦年齢の65歳以上を「高齢者」として社会制度を構築してきた。ところが，日本老年学会と日本老年医学会は2017（平成29）年に高齢者の心身に関するさまざまなデータの経年変化を検討した結果，近年の高齢者の生物学的年齢の若返りを明らかにし，65〜74歳を準高齢者，75歳以上を高齢者とする「高齢者の新たな定義」を提言した[1]。翌2018（平成30）年に政府から出された高齢社会対策大綱では，基本的考え方の1つに「全ての年代の人々が希望に応じて意欲・能力をいかして活躍できるエイジレス社会」があげられた。

　このように高齢期を改めて捉え直す社会の動きがある。同時に，今後さらに

多数派となる高齢者各人のあり方が社会全体に影響を及ぼすといえるだろう。高齢期における「学び」は，これらの課題にどのように対応できるだろうか。

(2) 高齢社会の進展

　現在，多くの先進国では 65 歳以上を高齢者とし，高齢者が人口全体に占める割合を高齢化率としている。図 9-1 は日本の人口変動を示したもので，棒グラフは各年の総人口と区分，折れ線グラフは高齢化率を表す。従来からの人口区分では 0 〜 14 歳を「年少人口」，15 〜 64 歳を「生産年齢人口」，65 歳以上を「老年人口（高齢者人口）」としてきたが，さらに 65 〜 74 歳を前期高齢者，75 歳以上を後期高齢者と区分している。

　総務省の人口推計によれば，2020（令和 2）年 10 月現在の総人口は 1 億 2571 万人で前年に比べ 46 万人減り，10 年連続しての減少である。このうち 65 歳

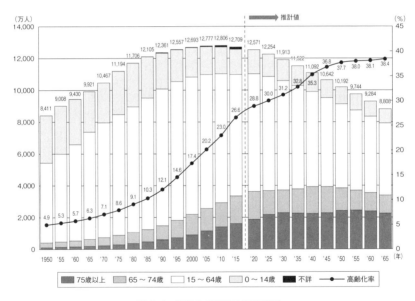

図 9-1　高齢化の推移と将来推計

注：棒グラフと実線の高齢化率については，2015 年までは総務省「国勢調査」，2020 年は総務省「人口推計」（令和 2 年 10 月 1 日現在（平成 27 年国勢調査を基準とする推計）），2025 年以降は国立社会保障・人口問題研究所「日本の将来推計人口（平成 29 年推計）」の出生中位・死亡中位仮定による推計結果。

出典：内閣府『令和 3 年度版高齢社会白書』p.4 をもとに筆者作成

以上の高齢者は 3619 万人，高齢化率は 28.8％ と過去最高になった。4 人に 1 人は 65 歳以上ということになり，男性対女性の比率は約 3 対 4 である。その一方で，年少人口は 1503 万人（全人口比 12.0％），生産年齢人口は 7449 万人（同 59.3％）でどちらも過去最少であった。社会の高齢化が進んでいる状況がみてとれる。

歴史を大きくみると，「多産多死」の社会では人口は大きく増えることはない。衛生や栄養の状況が向上し，医療技術が進歩して若年で亡くなる子どもが少なくなると「多産少死」の時代となり人口は増加することになる。少子化傾向になることで「少産少死」の時代を迎え，少子化と高齢化が同時に進行すると「少産多死」の社会が到来し，やがて人口が減少していく。日本は明治期の 1900 年頃から 100 年ほどにわたり人口増加を続けてきた。

日本の高齢社会の特徴は高齢化のスピードが速いことである。高齢者が人口全体の 7％ を占める社会を高齢化社会，14％ になると高齢社会，21％ を超えると超高齢社会と呼んでいる。図 9-1 のように，1950（昭和 25）年の高齢化率は 5％ に満たないが，1970（昭和 45）年には 7％ を超え，1994（平成 6）年には 14％ に倍加している。この間は 24 年で他の西欧諸国に比べてきわめて短い。さらに 2007（平成 19）年には高齢化率が 21％ を超えて超高齢社会に入った。2000 年代以降，アジア諸国での高齢化が加速しているが，日本は世界で初めてといえる高齢社会への対応を経験することになる。

急速に進行した高齢社会の背景には，戦後に出生数が急増した第 1 次ベビーブーム（1947 ～ 1949 年）の 3 年間に生まれた「団塊の世代」の存在が大きい。団塊の世代すべてが 75 歳を迎える 2025 年，さらに生産年齢人口が全人口の半数になると推計される 2040 年は社会保障などの面で注目されている。今後は後期高齢者人口が増えていくことで人口減少が進み，2065 年の総人口は 8800 万人余りになると見込まれている。このような高齢社会の進展のなかで，高齢者も生産的な社会活動を支える側に回る生涯現役（エイジレス，エイジフリー）への社会的要請が高まっている。

2 高齢期をどう捉えるか

(1) 高齢期のライフスタイル

つぎに，視点を社会から個人へと移し，高齢期の生活について概観してみよう。厚生労働省の簡易生命表によれば，日本人の平均寿命は 1960（昭和 35）年には男性 65.32 歳・女性 70.19 歳だったが，2019（令和元）年には男性 81.41 歳・女性 87.45 歳と大きく伸長している。「人生 100 年時代」といわれる今日は，単に人生時間が長くなっただけではない。定年退職後や子育ての役割が終了したあとに長い時間を過ごすようになったことで，いかに健康を保ち，充実した新しい生活を見いだすかという高齢期の生活の質（QOL）が問われている。

内閣府が 2020（令和 2）年 1 月に 60 歳以上の男女を対象に現在の生きがいの程度などを尋ねたところ[2]，生きがいを「感じている」と答えた人は計 79.6％，「感じていない」は計 19.8％であった。女性のほうが「感じている」人の割合が高く，男性の 70 代後半と 80 代以上に「感じていない」人の割合が高い。健康状態は，「良い」が計 54.7％，「普通」が 25.8％，「良くない」が 19.5％であった。男女ともに「良くない」は 70 代後半と 80 代以上で高い。

現在行っている社会的な活動は，「自治会・町内会などの自治組織の活動」が 21.8％と多く，次いで「趣味やスポーツを通じたボランティア・社会奉仕などの活動」（16.9％），「まちづくりや地域安全などの活動」（3.6％）と続くが，「特に何も活動はしていない」人の割合は 63.3％と全体で最も多かった。「特に何も活動はしていない理由」は，「体力的に難しい」（30.5％），「時間的な余裕がない」（28.0％），「活動する意思がない」（28.7％）である。

また，収入を伴う仕事がしたい年齢は，「65 歳くらいまで」が 25.6％で最も多く，「70 歳くらいまで」（21.7％），「働けるうちはいつまでも」（20.6％）と続く。実際に 60 歳以上で収入のある仕事をしている人は 37.3％だった。その一方で，現在収入のある仕事をしていない人の 9 割近くは今後「仕事につくつもりはない」と答えている。高齢期の意識や生活は，誰もが一律に就学する青少年期や就労することが多い成人期に比べて，非常に多様であることがわかる。

(2) 加齢による機能的変化

高齢期の身体機能の低下は，疾病とは区別される生物としての自然な機能変化である。加齢（aging）は人が生まれたときから始まる変化とされ，より狭義に成長がピークに達したあとの退行期の変化は老化（senescence）と呼ばれる。中年期以降に小さな字を読みにくいと感じたり，高齢期に耳が聞こえにくくなったりするのは誰でも経験することであろう。これは，眼や耳などの感覚器官から取り入れた光や音の刺激に対する感受性（視覚，聴覚）と，情報を受けて処理する認知機能（脳による知覚）が低下するためである。

年齢を重ね特徴的になる変化の1つに，記憶力の低下があげられる。私たちが経験したことを記憶し，それを思い出すには，経験を情報として頭に入力し（符号化），その情報を保持して（貯蔵），保持した情報から必要な情報を思い出す（検索）という3つのプロセスで行っている。加齢とともに脳内の前頭前野が萎縮すると，主に短期記憶とその作業スペースを司るワーキングメモリに減退が起こり，符号化と検索の機能が衰えがちになる。ワーキングメモリが働く情報操作の低下から，長期記憶（エピソード記憶）の呼び起こしにも支障が出てくる[3]。人の名前が出てこない，多くの物事を並行して行うことが困難，意欲はあっても億劫に感じられるといった自覚があると，人とのつき合いなどに消極的になるかもしれない。しかしながら，高齢期には減退しにくい能力や，減退する機能を補う次のような力も備わっている。

(3) 高齢期のポジティブな側面

高齢期の学習能力についても研究が行われてきた。キャッテル（Cattell, R.B.）とホーン（Horn, J.L.）が人の認知的機能には流動性知能と結晶性知能の2つの因子があることを示した研究[4]は，20世紀初頭まで青年期をピークに減退すると考えられていた学習能力を改める基本になった。「流動性知能」とは短期記憶に結びつく基本的な情報処理としての知能で，「結晶性知能」は "結晶" の文字どおり長期的に蓄積されるような認知機能である。その後の縦断調査[5]によって，言語理解力や推論能力に関連する結晶性知能は高齢期になっても衰えにくく，教育的背景とも関連があることが明らかになっている。たとえば成

人期以降には，話の文脈をより深く理解して総合的な判断ができると考えられる。さらに流動性知能も60歳頃まではほぼ低下しないことが判明した。

　エイジングの意味は，①マイナスの意味：年齢進行に伴う老化・衰退・退行，②中立的意味：年齢変化の現象的記述（加齢現象），③プラスの意味：円熟した状態への変化と分類できるが，これは加齢を捉えるさまざまな視点の違いによる。"アンチエイジング"は①の加齢のマイナス面を捉えた言葉である一方で，③のような加齢を円熟とみる視点は生涯発達（life-span development）の概念につながる。これは「個々の機能の有能性を強調するのではなく，人間としての機能の全体的まとまりに目を向けるもの」と考えられ，分析して測定する検査には適していない[6]。

　この全体性に関連して，バルテス（Baltes, P.B.）は発達における喪失と獲得はバランスをとりながら同時に進行すると考え，高齢期の「選択的最適化とそれによる補償」を唱えている[7]。それは高齢になったピアニストが演奏会の際に無理のない演目を選び（選択），集中した箇所の練習を重ね（最適化），速いテンポの前の部分では意図的にテンポを緩めてコントラスト効果を出す（補償）という例にあげられるように，高齢期の喪失を補うのは知能というよりは十分な学習と経験から得られた「知恵」といえるものである。

　高齢期の特性を理解することは，高齢期に適した学習・活動を見いだす糸口になる。高齢期には失われていく能力も現れるが，物事を俯瞰して把握し独自の世界観を創造でき，さまざまな局面を調整する柔軟性ももち合わせることができる。したがって学習も各自に合った内容，ペースで進める方法が重要になる。読書，俳句・絵画などの創作，人生経験を振り返り（ライフレビュー），自分史（ライフストーリー）をまとめる学習は高齢期にこそ深められ，子どもたちに柔軟に教える役目や，組織を調整する役割にも適する可能性があろう。

3 高齢期の学習に関する理論と実践

(1) 生涯発達の見地からみた高齢期

生涯発達心理学では，退行も発達のプロセス上にある「成熟」と捉える。ユング (Jung, C.G.) は人の一生を太陽の位置に例え，40歳代を「人生の正午」であると述べた[8]。私たちは人生前半の成人期までは，仕事を開始したり子育てをしたりといった時間に追われる慌ただしい時期である。それに比べ，中高年期は時間をかけて自分に向き合うことができる内面的な成長の時期と考えると，この時期の意義が改めて問い直される。ユングは，人生後半の発達の意義は自己の真の姿の発見 (「個性化」) にあるとした。

またエリクソン (Erikson, E.H.) は，人間の発達は老年期まで続くとするライフサイクル論 (漸成的発達理論) を唱えた。人は生涯，社会とかかわり合うことで発達し，8つに区分された発達段階 (乳児期・幼児期初期・遊戯期・学童期・青年期・前成人期・成人期・老年期) の「心理・社会的危機」では各期の課題と克服したあとに獲得される徳 (virtue：強さ) が示されている。8番目の老年期の課題は「統合 vs 絶望」である。ここでは，もう後戻りできない人生を“これで良かったのだ”と唯一のものとして受け入れる超然とした態度，すなわち自我をまとめる「統合」が課題となる。その対極として「絶望」が示され，「統合」を達成したあとにもたらされる徳は「英知 (wisdom)」である。

エリクソンが9番目の課題として構想し，死後に共同研究者である妻によって書き加えられたのは，身体的自由が利かなくなり自律性さえも失うこの厳しい時期での課題である。友人や家族との交流や信仰が課題をクリアする手立てとして考察され，課題達成には，乳児期に「基本的信頼」を通して得られた「希望」と密接な関係があるとした[9]。このように，高齢期におかれた状況を受け入れつつ，かかわりのなかで発達していくという考え方は，教育／学習の働きかけによってよい方向へ変化する余地を支持するものである。

(2) 高齢期の学習ニーズと方法

加齢による変化への注目は医学や生理学に始まるが，1940年代には心理学，

社会学も加わった学際的な高齢者研究として，ジェロントロジー（老年学）が開始された。1960年代には「活動理論」と「離脱理論」が議論され，老年期に仕事にかかわり続けることが満足をもたらすのか，あるいは次世代に役割を譲りリタイアするのが幸せなのかといった論争が起こる。これは，「サクセスフル・エイジング（幸福な老い）」という概念を高齢期のテーマに据えることにつながっていった。サクセスフル・エイジングの構成要素は，①長寿，②生活の質（QOL），③プロダクティビティー（productivity：社会貢献）と定義され，プロダクティビティーには，①有償労働，②無償労働，③相互扶助，④ボランティア活動，⑤保健活動（self-care）が含まれるとされる[10]。すなわちサクセスフル・エイジングとは，客観的に健康な状態で，かつ主観的にも幸福であることが条件になるといえよう。

　こうして，肯定的なエイジングへの積極的な戦略として，高齢者の「教育／学習」が俎上に上るようになる。「教育学と老年学の対話」とされる教育老年学の本格的な始まりは，1971年にアメリカの政策として高齢者教育の必要性を説いたマクラスキー（McClusky, H.Y.）がマージン理論を唱えたことによる[11]。高齢期は病気や経費負担，役割喪失や収入の減少，エネルギーの減退など負荷（load）が大きくなるので，負荷を制御して自律性を維持するために個人の力（power）を得て均衡を保たなければならない。その際に「教育」は，高齢期に幸せな生活を保ち自己実現に向けて成長を続けるための「余力（margin）」を獲得する主力となるとした。

　さらに，マクラスキーは高齢者が余力を得るための学習ニーズを以下の5つに分類している。

---

①対処的ニーズ：高齢者が社会のなかで生活するために必要な知識や技術を獲
　　　　　　　　得する
②貢献的ニーズ：社会のなかで他者の幸福に役立つ活動に参加する
③影響的ニーズ：社会に対して積極的な影響を与える
④表現的ニーズ：学習や活動それ自体を楽しむために活動を行う
⑤超越的ニーズ：身体的衰えを超越し充足感を得る

たとえば，IT 社会に対応する学習，地域の歴史を学びボランティアガイドとして紹介する活動，コーラスや読書・スポーツといった趣味の活動は①〜④のそれぞれのニーズに対応するだろう。⑤の超越的ニーズはスピリチュアル（精神的）な局面という意味で先のエリクソンと妻ジョアンが第 9 番目の発達課題に据えたテーマと重なり，近年「ジェロトランセンデンス（老年的超越）[12]」のテーマで超高齢期の学習においても注目されている。

　また，教育老年学の一部にジェロゴジー（高齢者教育学）の考え方がある。これは，子どもを前提とした教育学（ペダゴジー）に対してノールズ（Knowles, M. S.）が 1970 年代に理論立てたアンドラゴジー（成人教育学）への疑問として提示された。アンドラゴジーでは，成人学習者は自律的な存在で，豊富な経験を学習資源にした自己主導型学習（Self-Directed Learning）が適するとされる[13]。これに対しジェロゴジーでは，高齢者は依存的な自己概念をもち，学習内容は経験を活用した問題解決というよりは内面的なテーマに関心をもつとした。ジェロゴジーはエイジングによる脆弱さを加味したことでエイジズム（年齢差別）につながる可能性が指摘されたものの，成人期とは異なる高齢期の特性に基づいて学習援助上の配慮を行う必要性を示している。

(3) 高齢期の社会的ネットワークと地域社会

　マクラスキーが高齢者の学習ニーズに「貢献的ニーズ」や「影響的ニーズ」をあげたように，高齢者が他者とかかわり活動することは，社会とのつながりを実感できる有意義なものである。しかし，高齢期には多くの人が新たな人間関係の構築を迫られることになる。

　私たちは日頃，周囲から社会的支え（ソーシャルサポート）を受けるネットワークをもっている。図 9-2 は，自分をとりまくネットワークを示すコンボイモデルといわれる図である。コンボイ（convoy）とは護送船団を意味し，円中心の本人（輸送船）とサポートする人々（護衛する船団）との関係が描かれている。

　コンボイモデルの中核を成すのは，「役割」の概念である。中心の本人 P に近い円内①には，親，子ども，配偶者，親友のような特定の役割にとらわれない関係にある人が位置する。単に血縁や距離の近さだけではなく，遠くに住ん

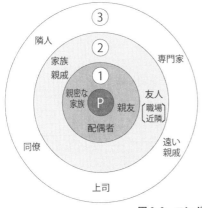

図 9-2　コンボイの仮説的な一例

出典：Kahn & Antonucci, 1980, p.273. をもとに筆者作成

① 長期にわたり安定したもはや役割には依存しないコンボイの成員

② やや役割に関連しており，時間の経過に伴って変化する可能性のあるコンボイの成員

③ 役割関係に直接結びついており役割の変化に最も影響を受けやすいコンボイの成員

でいても困ったときに頼りにできると思えるような本人をサポートしてくれる人々である。やや遠くの円内②には，職場や近所の親しい友人，親戚が存在する。遠い円内③には固定的な役割に直接結びついた職場の同僚や上司，特殊な知識を与える専門家，隣人が描かれ，本人との関係は役割の変化によって影響を受けやすい[14]。

　成人期のコンボイは安定しているが，高齢期には定職からの引退，子どもの独立，配偶者や友人との離死別に遭遇することで，その構成員に変化や減少が訪れる。しかし，同時にそれを穴埋めする新たなサポートメンバーが近くの円内に現れることがある。たとえば退職後の自由な時間に趣味を通した友人が得られたり，地域活動の場で近隣の人と過ごす時間が増えたり，成長した孫がより近い関係になる場合もあるだろう。高齢期に生活スタイルが変わり，仕事上の役割中心だった毎日から家庭内や地域社会の一員としての生活になるにしたがって，コンボイの構成メンバーが見直されていく。

　ただし，コンボイの再編には自らの働きかけが必要になる。学習活動やボランティア活動をきっかけとして身近な地域に新たな人間関係をつくることは，高齢期のコンボイの再構築に有効である。特定の役割に縛られない，リラック

スした関係での同世代や異世代との交流は，支えを「得る」とともに支えを「与える」やり取りであり，これからの時間を助け合う共助の仲間づくりにつながっていく。それは高齢者が学習を始める動機になり，大きな収穫となるのである。今後の高齢社会における学習支援には，地域を中心としたネットワーク構築を積極的にサポートする機能が期待されている。

4 日本における高齢者教育の展開

(1) 高齢者教育実践の広がり

これまでみたように，高齢期の学習は機能の一部を強化するトレーニングのようなものではないことが理解されるだろう。それは，社会化に向けた知識の習得が中心になる子ども時代の学習や，職業や生活上の必要に迫られる成人期の学習とは異なり，自由ではあるが限りある時間をより豊かに生きるための生活全般にかかわる営みであるといえる。そのため，計画的に行われる高齢者教育は，教育よりも幅広い社会福祉政策と教育政策（社会教育）の双方から分かちがたく進められてきた。今日まで，行政や民間団体によって高齢者教育実践の場が設けられている。

日本での高齢者教育の始まりは，1954（昭和 29）年に長野県の寺の住職であった小林文成により開始された「楽成学園」といわれる[15]。小林は公民館長として青年学級や婦人学級にかかわるなかで，戦後の民主主義社会では老人こそが旧式の〈家〉制度の意識を改め「現代人になる」学習が必要になり，地域の若い人と交わり育てることで生きがいがもたらされると主張した。楽成学園の講座は月におよそ 1 回の「話し合い」を重んじ，学習課題は老人問題，家族問題，道徳問題，時事問題，政治問題に分類されている。小林は社会福祉協議会に働きかけて老人クラブも運営し，高齢者の社会福祉を獲得するための学びが高齢者教育であるとして福祉と教育の区別はしていない。社会転換が起こった時期に，高齢者自らの意識改革を求める教育実践であった。

高度経済成長期には高齢者政策に対する財政が整いはじめ，産業構造の変化

によって余暇時間も増えていく。教育行政においては，1965（昭和40）年より文部省が各市町村に高齢者学級開設補助事業の委嘱を開始し，1973（昭和48）年からは高齢者教室の開設補助を行った。全国の公民館などでは高齢者教室が充実し，現在も講座事業が継続している。1980年代からは生涯教育／生涯学習の理念が浸透したこともあり，各都道府県に高齢者大学（長寿学園と呼ばれた）が開設された。1983（昭和58）年に設立された放送大学は学びの選択肢を増やし，インターネットによる高齢者教育も広がっている。

　福祉行政では，高齢者福祉の観点から高齢者の社会参加を促進してきた。1951（昭和26）年には中央社会福祉協議会による老人クラブが開始され，親睦を図る高齢者団体の活動が全国組織された。介護予防，予防医学として取り組まれている健康教室も高齢者教育の一環である。福祉行政系の高齢者大学は，厚生省が1989（平成元）年に「明るい長寿社会推進機構」を都道府県においたことから開設が進んだ。このように，全国にさまざまな規模での高齢者教育が推進されてきた。

(2) 近年の高齢者教育

　行政が設置した高齢者大学は，近年では民間団体やNPOが指定管理者として運営を担ったり移譲されたりすることも多い。また，体系的なカリキュラムは趣味・教養・健康といった講座ばかりでなく，実際の社会参加活動にまで導入していくプログラムも組まれるようになっている。社会活動を進める高齢者大学の一例として「阪神シニアカレッジ」を取り上げる。

　阪神シニアカレッジは，兵庫県教育委員会が1969（昭和44）年に設立した高齢者大学の草分けといわれる「いなみの学園」から分岐して，1997（平成9）年度に開設された。阪神地域に在住の56歳以上を対象とし，現在は公益財団法人が運営している。4年制3学科「園芸学科」「健康学科」「国際理解学科」（各50名）では90分の共通講座および専門講座の授業が週2回，年間60回組まれている。特徴的な学びとして，園芸学科では校舎屋上実習園での栽培，健康学科では大学生や専門学校生との異年齢交流，国際理解学科ではJICA[16]関西への訪問研修などが行われる。

２年制講座「阪神ひと・まち創造講座」(30 名) の分野と内容は，①仲間をつくる (コミュニケーション力)，②地域を知る (地域貢献のスキルアップ)，③地域活動の理解を深める (NPO 法人・ボランティア)，④グループ活動 (地域課題・地域貢献) と実践的な学習が進められる。さらに，在校生によるクラブ活動や，卒業生による自発的な継続講座「マイスターゼミナール」も設けられ，定員 150 名の OB 会員が月２回 90 分講義の学習テーマと講師を選定・依頼してゼミナールを自主運営している[17]。

　大規模な学校形式の高齢者大学以外にも，学習サークル，ボランティア団体の組織化に高齢者自らがたずさわり，ICT を介した地域性を問わない学縁も増えている。また，自治会や住民自治組織が行う地域活動では，高齢者の活躍が期待されている。地域の成り立ちを知る高齢者ならではの経験を生かした「地域リーダー」としての学習は，世代間交流の場づくりとしても重要な公共的テーマである。その一方で，一般大学でも高齢学生の受け入れが進み，特別枠の入学や学資の制度を設ける大学もある。今日，高齢期の活動は多様化し，高齢者教育もこれらを反映した多様な学習機会の構築が求められている。

5　高齢期の学習の問い直し

　「第三期の大学 (The University of the Third Age：U3A)」とは退職後の人々を中心とした国際的な学習活動組織で，イギリス，フランスをはじめ各国で学習運動を展開してきた。名称の「サード・エイジ」は，社会的制約から解放されて自由に学べるアクティブな時期をさす[18]。日本でも高齢者大学をはじめ，サード・エイジの人々の学習は多様に展開されるようになり，高齢期の弱さを克服する健康学習も盛んである。ところが，社会にエイジフリーな生き方が奨励されるあまり，明るく活動的な高齢者ばかりが目標とされる高齢者像になってはいないだろうか。高齢期はやがて終末期に向かうのであり，次の時期「フォース・エイジ」における学習支援の可能性を問いかけたい。

　精神科医の神谷美恵子は，さまざまな「生きがい」を考えるなかで，「自己

実現の欲求をみたすもの」や「意味への欲求をみたすもの」をあげている。自己実現とは，ささやかな活動であっても独自のものをつくり出す「創造のよろこび」であるが，「与えられた生命をどのように生きるかという生きかたそのものが何もよりも独自の創造であり，これは誰の手にも届く生きがいである」としている。それは次の，「自分が存在した意味への欲求をみたす」生きがいにつながっていく[19]。高齢期に身体の衰えや不自由さに直面することがあれば，「創造」にはほど遠い存在になってしまうようにも思える。しかし，すべての高齢者がもつ知恵は伝える機会を問わず意味をもつものであるし，一日を穏やかに過ごすこと自体に意味があるだろう。高齢期の静かな時間が充実し，それぞれの生を肯定できるような支援が忘れられてはならない。

「存在の意味としての生きがい」を問い直すことは高齢期の尊厳を考える学習であり，高齢期を迎える以前から必要となる視点であろう。生涯学習の一環としての高齢期の学習を考えたとき，経済活動に参入していくための学習，地域づくりにたずさわる学習，病床にあって自己を振り返る学習も等しく「その人らしい高齢期」への教育的支援を必要としている。高齢期の学びを考えることは，すべての世代の生き方を問い直す学習でもある。

【内山　淳子】

【注】
1) 日本老年医学学会・日本老年学会編『高齢者に関する定義検討ワーキンググループ報告書』2017, p.6-8. 死亡率，受療率，身体的老化，歯の老化，心理的老化などが検討された。
2) 内閣府『令和元年度版　高齢者の経済生活に関する調査』2020.
3) 増本康平『老いと記憶―加齢で得るもの，失うもの』中央公論新社，2018.
4) Horn, J.L.& Cattell, R.B., *Age differences in fluid and crystallized*, Acta Psychologica 26, 1967, p.107-129.
5) Schaie, K.W. & Willis, S.L., *Adult development and aging* (5th ed.) Pearson ,2001.（岡林秀樹訳『成人発達とエイジング第5版』ブレーン出版，2006.）
6) 小嶋秀夫「発達概念を再考するという課題」内田伸子編『誕生から死までのウェルビーイング』金子書房，2006, p.66-67.
7) 堀薫夫「ポール・バルテスの生涯発達論」『大阪教育大学紀要』58 (1) 2009, p.173-185.

8) ユング，C.G／高橋義孝訳『無意識の心理』人文書院，1977.

9) Erikson, E.H. & Erikson, J.M., *The life cycle completed*, W.W. Norton, 1997.（村瀬孝雄・近藤邦夫訳『ライフサイクル，その完結〈増補版〉』みすず書房，2001）

10) 柴田博「サクセスフル・エイジングの条件」『日本老年医学雑誌』(31)，2002, p.152-154. ここでは，Productivity に関して欧米では（有償）労働は手段であって人生の最終目的は安息とする意識があり，日本人には「働くことが人生の目的や生きがいになる」というメンタリティが存在すると指摘された。

11) McClusky, H.Y., *Education: Backgroud, White House Conference on Aging*, 1971.

12) 社会学者トーンスタムが示した発達理論で，超高齢期には時間の概念を超越して宇宙的に，自己を超越して利他的に，表面的な関係への関心が減少して本質的になるとされている。中嶌康之・小田利勝「サクセスフル・エイジングのもう一つの観点—ジェロトランセンデンス理論の考察」『神戸大学発達科学部研究紀要』8 (2)，2001, p.255-269.

13) Knowles, M.S., *The Modern Practice of Adult Education: From Pedagogy to Andragogy*, Association Press, 1980.（堀薫夫・三輪建二監訳『成人教育の現代的実践ペダゴジーからアンドラゴジーへ』鳳書房，2002, p.40-49）

14) Kahn, R.L. & Antonucci, T.C., *Convoys over the life cource: Attachment, Roles, and Social Support*, Life-Span Development and Behavior, 1980.（遠藤利彦訳「生涯にわたる「コンボイ」—愛着・役割・社会的支え」東洋他編『生涯発達の心理学2』新曜社，1993, p.33-70）

15) 久保田治助『日本における高齢者教育の構造と変遷』風間書房，2018, p.58-85.

16) JICA（Japan International Cooperation Agency）：「独立行政法人国際協力機構」日本の政府開発援助の実施機関として，開発途上国への国際協力活動を行う団体。

17) 活動内容は2021年度入学案内およびOB会員へのインタビューによる。なお2020年度は感染症対策のため学科・講座・ゼミナールの活動は中止された。

18) 堀薫夫「第三期の大学の基本理念と学習実態」『教育老年学の展開』学文社，2006, p.160-174.

19) 神谷美恵子『生きがいについて』みすず書房，1966, p.68-69.

キーワード

高齢社会　学習　高齢化率　人口減少社会　生涯発達　知恵　ネットワーク

この章を深めるために

(1) あなたが住んでいる自治体ではどのような高齢期の学習の場が設けられているだろうか。高齢者大学や学習サークルの事例を調べてみよう。

(2) あなたの身近な高齢者に，学童期，青年期，壮年期，現在の思い出深い学習場面を尋ね，学びのライフヒストリーをまとめたうえで，これからの学習についての希望（学習ニーズ）を聞いてみよう。

第10章　学習者としての女性

1　ジェンダーと教育

(1) ジェンダー平等の理念と実態

　生物学的な性 (sex) とは別に，社会的・文化的に形成された性差のことをジェンダー (gender) という。歴史のなかで築かれた「男らしさ」「女らしさ」のイメージには特別な社会的役割や規範が伴い，それが私たちの生き方を束縛することがある。そのようなジェンダーに縛られず，個人がそれぞれの能力に応じて評価され，望む生き方を選択できるような社会の実現が国際社会においてもめざされている。2015 年の国連サミットで採択された SDGs（持続可能な開発目標）では，達成すべき 17 の目標 (goal) の 1 つとして「ジェンダー平等 (gender equality)」が掲げられている[1]。平等の実現をめざすということは，現実には不平等が存在するということである。すなわち，一般的に男性優位で女性が不利益を被ることが多い社会の実態がある。

　世界経済フォーラムが，政治・経済・教育・健康などの観点から毎年算出しているジェンダー・ギャップ指数（男女格差指数）ランキングでは，日本は 156 カ国中 120 位 (2021 年) であり，国際的にみても男女格差が大きいことがわかる。とくに，政治分野では女性議員の比率が低いこと，経済分野では企業・組織の女性役員・幹部の割合が少ないこと，中等教育から高等教育（大学や大学院）の就学率では女性が少なくなっていることなどが数値に反映されている。また，一般的な雇用の状況では，女性労働者の平均賃金は男性労働者の約 70％[2] であり，女性労働者の約 6 割が非正規雇用という実態がある[3]。国際社会においても，戦争や暴力 (DV など) の被害者になりやすい女性の問題，経済的自立が

困難なため貧困に陥りやすい女性の地位や立場を改善する取組が推進されている。

日本国憲法では「すべて国民は，法の下に平等であって，人種，信条，性別，社会的身分又は門地により，政治的，経済的又は社会的関係において，差別されない」（第14条）とされている。さらに1999（平成11）年に制定された「男女共同参画社会基本法」（以下，「基本法」）では，「男女が，社会の対等な構成員として，自らの意思によって社会のあらゆる分野における活動に参画する機会が確保され，もって男女が均等に政治的，経済的，社会的及び文化的利益を享受することができ，かつ，共に責任を担うべき社会」（第2条）の形成は，「男女の個人としての尊厳が重んぜられること，男女が性別による差別的取扱いを受けないこと，男女が個人として能力を発揮する機会が確保されることその他の男女の人権が尊重されることを旨として，行われなければならない」（第3条）として，性別にかかわりなく個人の能力が公平に評価され生かされる社会をめざすことを表明している。

このような理念（理想）と現実とのギャップを埋めるためには，社会の構造やシステムの変革が必要であり，変革をもたらすためには人々の意識や行動の変化が求められる。そのために，教育は重要な意味をもち，役割を担っている。

(2) 教育・学習の機能と役割

教育・学習は，意識や行動の変化をもたらすものである。その内容が意識や行動の変容に影響する。

ジェンダー概念は，社会生活や経験を通してつくられるものであり，家庭教育，学校教育，社会教育（広く社会で行われる教育）のなかでも形成される。上述したように，男女共同参画社会の実現のためには，人々の意識の変化や社会システムの変革が求められている。教育・学習は，変革のための手段として期待されるものであると同時に，伝統的価値の再生産あるいはシステムの再生産としても機能することに注意しなければならない。従来，教育は差別を再生産する役割も果たしてきたのである。

たとえば，1989年に共修化された家庭科は，以前は「男子向き」の技術科

と「女子向き」の家庭科に二系列化されていた。その背景には，「男は外で仕事，女は家庭内で家事・育児に専念するべき」という「固定的性役割分担意識」がある。また，「男性は活動的でリーダーに向いている」とか「女性は細やかな心配りができるので補佐役に向いている」などジェンダー・バイアス（思い込みや偏見）に基づく特性論もある。そのため，委員長は男子，副委員長は女子など役割が慣例化していたこともあった。進路指導においても「男子は理工系が得意」「女子は文系・福祉系向き」などのステレオタイプ（固定観念）によって指導が行われることがある。現実には，文系で才能をみせる男子もリーダーシップを発揮する女子もいる。

　家庭や幼児教育・保育の場でも，「男の子はブルー，女の子はピンク」の服や道具，「男の子は乗り物や怪獣，女の子は人形やままごと」など，保育者の用意する持ち物や玩具，遊びにも性別や性役割のステレオタイプが反映することが少なくない。また，「男の子は泣くな（強くなければならない）」とか「女の子なんだから（家事を）手伝いなさい」など，周囲の大人による日常的な働きかけが繰り返されることによって性差概念や性役割分担意識が形成されていく。メディアで描かれるジェンダーも影響が大きい。

　家庭科が男女共修となり，「男女平等を推進する教育・学習の充実を図る」ことが国の「男女共同参画基本計画」（2000年）にうたわれ，形式上は公教育においては男女とも夢や目標に向かってそれぞれの個性を伸ばす支援が行われるようになった。しかしながら「隠れたカリキュラム」の問題が潜んでいる。たとえば，学校教育では教員の性別構成（初等教育では女性教員が多いが教育段階が上がるにつれて男性教員が多くなるなど），担当教科（理科・数学は男性教員，国語・英語は女性教員が多いなど），管理職の性別（校長，教頭には男性が多いなど）といった見えないカリキュラムによってジェンダー概念が形成される。地域社会においても，自治会長やPTA会長は男性が多く会計や福祉委員は女性が多い，祭りの表舞台は男性が担い女性は裏方で炊き出しを担当するなどの傾向が根強く，そのような環境のなかで生活している私たちの性役割意識に知らず知らずのうちに影響を与えている。

このように，学習は社会的・文化的性差を意識的・無意識的に自己の内側に取り込む行為でもある。この意味でも，教育・学習はジェンダーと不可分なのである。

　したがって，あらゆる場面でのジェンダー平等を実現するためには，学校教育・社会教育の場で，①伝統的な価値の見直しと意識の変革，②伝統的な価値を再生産する社会システムの変革を意図した教育・学習が必要である。

2　社会教育史における女性の学習と活動

　日本では，戦前から婦人参政権を求める運動などで意志を表明し行動してきた女性たちもいた[4]が，女性が参政権を得たのは第二次世界大戦後であった。敗戦後，GHQ（連合国軍最高司令官総司令部）による「（選挙権付与による）婦人解放」後に進められた「婦人教育」施策は，近代化から取り残されていた「遅れた婦人」が与えられた参政権を正しく行使できるように「社会性を啓蒙する」ことを目的として出発した[5]。「婦人団体」の育成にも力が注がれた。教育・学習の機会を享受できるようになった女性たちは，小集団学習（グループ，サークルなどでの学習）を通して自発的な学習活動を発展させ，高度経済成長期に生じた生活課題や急激な変化に対応する学習，ボランティア活動への取組を通して，自ら学ぶ主体となっていった。さらに，国際社会の動きを背景に，女性の課題は人権問題であり地球レベルでの共通課題であることを認識し，課題解決のための協働的な活動を展開する学習者も育っていく。

（1）国際社会の動向と女性の学習活動―グローバルな人権問題としての認識

　20世紀後半，女性政策に関する国連の取組は，世界各国に大きな進展をもたらした。とくに，1975年の「国際女性（婦人）年」とそれに続く「国連女性の10年」以降の女性の地位委員会を中心とする問題提起の動きは，日本が女性問題を重要な政策課題として認識する大きな契機となった。たとえば1975年の「第1回世界女性会議」（メキシコシティ）の影響のもと，総理府に「婦人問題企画推進本部」が設置され，1977年に「国内行動計画」が策定されている。

また，1979年国連総会における「女性差別撤廃条約」採択後，1985年の「第3回世界女性会議」(ナイロビ)の年に「女子差別撤廃条約」の批准(国家が承認すること)，続いて「男女雇用機会均等法」の制定，家庭科教育の変革，「新国内行動計画」の策定などがなされ，1995年の「第4回世界女性会議」(北京)ののち，1996年に「男女共同参画2000年プラン」が策定され，1999年の「基本法」成立に続いている。この間，日本政府は国連女子差別撤廃委員会にレポートを数回提出，審査を受けている。上記の女性会議には，日本からも多くの女性団体，NGOが参加し，各国の参加者と問題意識を共有したのであった。国際社会での学びやそこで築いたネットワークを生かしながら，帰国後に政府や自治体に働きかける活動を続けてきた団体も少なくない。

このような経緯から，2000年ごろまでの日本の女性政策の進展は，国際社会の動向に伴う女性たちの学習と行動，外からの評価や監視の効力によるところが大きかったといえよう。

(2) 地域婦人会の歩みと功績

日本の女性政策は国際的な動向のみで推進されてきたわけではない。国内には独自に変革を求めて活動してきた人たちの蓄積や，内から政府や自治体に働きかけてきた取組があった。そのような社会教育関係団体の1つが地域婦人会などの地域婦人団体である。ここでは全国地域婦人団体連絡協議会(以下，全地婦連または地婦連)の50周年誌[6]を参考に，その歩みと功績を確認する。

①課題解決のための学習と運動

地域婦人会は，親睦，隣保扶助を目的とした伝統的住民組織の系譜に属する組織で，会員は年齢，職業，思想，政治的信条を異にしながらも，同一地域の主婦であるということを唯一の共通項として結ばれている婦人団体である。戦前，愛国婦人会，大日本国防婦人会，大日本連合婦人会という3つの全国組織をもった婦人団体があったが，これらは主務官庁の監督下にあって国家財政より多額の補助を受け運営された婦人組織であった。それとはまったく別に，地婦連は戦後民主主義の新たな息吹のなかから誕生している。

戦後の婦人解放政策と民主化政策のなかで，社会教育行政の支援のもと各地

で小学校区などの地区ごとに単位婦人会が生まれた。単位婦人会をまとめる各県郡市の婦人会連絡組織が結成されつつあった1952（昭和27）年，「地域婦人団体の連絡協議機関としてその共通の目的たる婦人の地位の向上，青少年の健全育成，家庭生活並びに社会生活の刷新，地域社会の福祉増進，世界平和の確立等の実現のため，相互の連絡協力を図ること」を目的として東京上野の国立博物館講堂で結成大会を開催，全国19都府県を結ぶ民主的な婦人組織が誕生した。その後47都道府県をつなぐ全国組織となったのである。創立60周年を迎えた2012（平成24）年時点で，会員は全国に約400万人である。機関紙「全地婦連」（毎月発行）が全地婦連と各都道府県市の組織をつないでいる。

　地婦連のこれまでの活動は，身近な地域や生活のなかの課題から，国際社会の問題まで幅広いが，一貫して生活する女性の目線でよりよい暮らしや生き方を模索し，行動している。取組の領域は次のとおり多岐にわたっている。すなわち，①女性の地位向上のための法制度にかかわる運動（公明選挙運動，売春防止法制定運動，家族制度復活反対運動など），②消費者運動，健康・安全のための活動（LPガス問題，「ちふれ」商品の開発，食品添加物の規制緩和反対運動，遺伝子組み換え食品表示のための法改正運動など），③平和のための運動（原水爆禁止運動，核兵器廃絶・軍縮のための活動，沖縄米兵少女暴行事件への抗議など），④省資源・省エネルギー運動（資源とエネルギーを大切にする国民運動，残飯残菜問題，リサイクル活動，環境を守る地域活動推進事業など），⑤国際協力・交流活動（国際婦人年連絡会，日中友好交流，開発途上国の子どもたちへの支援，世界女性会議・NGOフォーラムなど），⑥地域の相互扶助・女性支援活動（高齢者の見守り・子育て支援など），⑦青少年健全育成のための活動（児童と婦人のための映画作成，サッカーくじ導入反対運動など）である。

　このような取組が少なからず社会に影響を及ぼし，生活の改善に貢献してきたのである。

②組織的な学習と実践活動の循環

　婦人会は，上述したように組織的にエネルギッシュな活動を継続しているが，これらの取組は学習と実践活動の連鎖と拡大のなかで育ってきたといえよう。

すなわち，女性をとりまく生活課題や地域課題に結びついた集団学習がいくつもの実践活動を生み，実践活動はまた学習に還元されて深化し新たな実践として発展した。その過程でほかの学習グループともつながって学び合い，力をつけてきたのである。

とくに，課題に取り組む学習の手法として，現状を把握・診断するための実態調査・意識調査をたびたび実施していることが注目される。調査には組織力を活用している。その調査結果に基づいて問題を明確にし，自らの生活を見直すとともに企業や行政に改善を働きかける行動を起こしている。たとえば，オイルショック（1973〜74年）後に資源問題を考えるようになり，各都道府県婦連を通して全国で2400団体を対象に「限りある資源を活かす地婦連活動実態調査」（1975年）を実施，その結果から大量生産，大量消費の生活を見直し，節水・節電などの節約運動，衣服のリフォーム，不用品交換会，冠婚葬祭の簡素化などに取り組んだのである。そして，その取組が国，自治体や企業などを巻き込み，官民一体の省資源・省エネルギー運動に発展したのであった。

地域レベルでは，婦人会は地域の実情に即した課題に取り組み，生活を改善してきた。近年では女性の社会参加を進めるための支援サービス（留守番，託児，保育園の送迎，掃除・洗濯・料理などの家事，買い物，高齢者の話し相手，学習支援，スポーツ活動指導など）を実施するなど，福祉行政がカバーできない現状を支える働きも担っている。

③リーダーの育成—研修の継続

地婦連は，各地区でも全国レベルでも，リーダー研修を継続して実施している。研修では，現状を認識したうえで問題意識を共有し，それぞれが取り組むべき課題を確認できるような内容と方法が工夫されてきた。全地婦連のリーダー研修講座は1972（昭和47）年度から始まっている。1泊2日あるいは2泊3日の日程で年2〜3回実施されているが，2001（平成13）年からは，国立女性教育会館（National Women's Education Center：NWEC，埼玉県嵐山町）を会場としている。家庭を空けることがむずかしかった主婦たちが，宿泊を伴う研修を行うのは当初は革新的なことであった。全国レベルでの研修で学んだ代表者が

各地に学習成果をもち帰り，ブロックや地区ごとの研修につなげている。

　会員が全国から集まる研究大会も年1回開催されているが，テーマは時代のニーズに対応している。たとえば，第60回研究大会（2012年）では，災害に強い国づくり，スマートライフ（省エネ・エコライフ）の推進，健全なネット社会の構築と情報教育の推進，地域主権時代の住民力と地域づくり，世代の知恵と力を活かした男女共同参画社会づくりなどが分科会のテーマとして設定されている[7]。

　このように，地域の婦人会や団体は学習と実践活動の循環による課題への取組に大きな功績を残してきたが，近年は会員の減少と高齢化傾向が進んでいるため，より時代に即した組織のあり方を模索しながら活動を続けている。

（3）多様な自主学習グループ

　産業構造が変化し人口の流動化と少子高齢化が進むなかで，伝統的な地域共同体（community）は崩壊しつつある。地縁・血縁で強く結ばれた地域をベースにした団体・組織の活動は衰退傾向にある一方で，共通の目的や興味・関心をもつ人たちが集まり活動するグループ（association）は増えている。

　女性のための活動，あるいは女性たちが主流の活動も，さまざまなグループ・サークル，ボランティア団体・NPOなど多様に存在している。とくに，「特定非営利活動促進法」が制定された1998（平成10）年以降，女性問題や女性支援に取り組むNPO法人も広がっている。また，居住地域に関係なくオンラインで結ばれたインターネット上のコミュニティでつながる集団も生まれている。

3　女性の人生における学習課題

（1）社会的役割と生活課題

　社会教育では，公民館などを中心に，地域に暮らす女性同士がともに学べる場として「女性（婦人）学級」が開設されている。1950年代当初は，戦後の新しい家庭生活を担う女性の啓発を目的として婦人教養講座や生活学級などの名称でも行われていた。時代とともに趣旨も内容も変化し，現在では，女性が自

主的な学習意欲に基づき日常生活や職業生活を通じての課題を集団で計画的に学習する場となっており，名称も「婦人」よりも「女性」を使用することが多くなっている。内容は，それぞれの地域の実情や学習者のニーズに即しているが，生活課題（子育て，食と健康など），地域課題（見守り，安全・防災など），女性問題を含む人権学習，平和学習，環境問題など多様化している。

　社会教育には「個人の要望」と「社会の要請」に応える学習内容や課題がある（「教育基本法」第12条）。個々人の学習ニーズは現実に担っている社会的役割や生活課題から生じることが多い。たとえば，母親として期待される役割をうまく果たしたいという思いからPTAの教育講演会に参加したり，妻として期待される役割をうまく果たしたいために料理教室に通うなどである。また，「社会の要請」課題として「家庭の教育力向上」をテーマとする教育講座が開かれる場合，母親のみを対象にしていることがある（母親には限定していなくても，結果として参加者は母親のみということも多い）。そこには，家庭教育は主として母親の責任であるという性役割分担意識が影響している。現実の学習ニーズに対応して提供される学習機会では，結果的に参加者が女性に偏っているものも多いのである。ここに女性のジレンマがある。固定的な性別役割分担から解放されたいと願いながらも，現実の家庭や職場では社会が女性に期待している役割を演じなければうまく生きていけないということがある。理想と現実のギャップに何とか折り合いをつけながら過ごしている女性も少なくないであろう。この折り合いのつけ方に，学習の果たす役割は大きい。そして，学習を通して築かれる協働は現実を変えるエネルギーとなる可能性を秘めている。

　何を学びたいのか，何を学ぶかは個人の自由であり，そのニーズに対応する学習を提供することは大切である。大事なことは，（民間の学習機会も含めて）多様な学習機会がさまざまな人に開かれていること，学びたい人が自由に選択できるように条件を整備する（たとえば，父親も参加しやすい工夫をするなど）ことであろう。とくに，社会教育においては，潜在的なニーズを掘り起こしたり，未来に向けて社会で必要とされる学習課題について企画・提案していくことも求められている。

(2) 女性にとってより重要な学習課題

男女共同参画社会の実現のためには，女性だけでなく男性もともに学ぶことが必要であろう。ただ，不利な状況におかれることの多い女性にとっては，学習がより重要な意味をもつ課題がある。

①エンパワーメントと方針決定への参画

上述した SDGs の目標「ジェンダー平等を実現しよう」は，正確には「ジェンダー平等を達成し，すべての女性及び女児のエンパワーメントを行う」と記されている。エンパワーメント（empowerment），すなわち実力をつけ権限をもつことが求められる。社会システムや規範をよりよい方向に変えていくためには，政策など方針決定の場に女性が参画して意見を表明することが大切である。「基本法」第2条には，男女が均等に「利益を享受する」だけでなく，「共に責任を担うべき」であることが明記されている。責任を担う覚悟と力が必要である。

「候補者男女均等法」（政治分野における男女共同参画の推進に関する法律）は，選挙の際，男女の候補者ができる限り均等となることをめざして 2018（平成30）年に公布・施行された。政党の候補者や議員になる道以外でも政策の企画・運営へ参画する1つの方法として，行政の委嘱委員（各種審議会の委員など）がある。行政にはみえにくい生活者の視点，住民の視点を政策に反映できる。とくに，日ごろから地域で活動している女性は，生活課題，地域のニーズを提示するだけでなく，現実的な具体策をも提案できる。行政にとっては，企画・運営への市民の参画は，事業実施の過程に市民の力を得る条件づくりとなるし民間とのネットワークもできる。意見を提案した者が主体的な実行者にもなりうる。協働は，このようなかかわりのなかで生まれるものであろう。これまで，委員には一般的に男性が多かったが，近年各自治体で女性の比率が上がっている。市民は，参画の過程で行政システムについて学習することにもなる。それを自らの活動に生かし，さらに力をつけていくことが期待される。

組織に女性の管理職が少ない理由として，「ふさわしい人が少ない」とか「女性自身がなりたがらない」といわれることがある。学校教育段階からさまざま

な役割と責任をともに担い，行動するトレーニングも大切であろう。地域の役職やグループのリーダーなども引き受け，活動するなかで力をつけていくことがエンパワーメントにつながる。そのために支え合うことも大切である。職場や地域では，研修などの学習機会を通じて問題を共有するとともに，クオータ制[8]のような仕組みを検討することも今後の課題である。

②リプロダクティブ・ヘルス／ライツ（Sexual and reproductive health and rights）「性と生殖に関する健康と権利」の学習

リプロダクティブ・ヘルスとは，人間の生殖システムおよびその機能と活動過程のすべての側面において，単に疾病・障害がないというばかりでなく，身体的，精神的，社会的に完全に良好な状態にあることをさす。また，リプロダクティブ・ライツとは，すべてのカップルと個人が，自分たちの子どもの数，出産間隔，出産する時期を自由にかつ責任をもって決定でき，そのための情報と手段を得ることができるという基本的権利，ならびに最高水準の性に関する健康およびリプロダクティブ・ヘルスを享受する権利である。

この権利は1994年に「世界人口・開発会議」（カイロ）で提唱され，1995年の「第4回世界女性会議」（北京）で「女性の基本的人権」として確認された。

国際社会では，とくに開発途上国などを中心に，予期せぬ望まない妊娠や中絶，性感染症など性にかかわって生じる問題が多い。とくに，妊娠・出産が女性の心身に大きな影響を及ぼし，その人生設計を左右しうるものであることから，女性の意図とは無関係に妊娠や出産を強制されることがないよう，女性の自己決定や健康が尊重されることが必要であるとしている。

日本においても，性暴力の問題や10代の望まない妊娠などが少なからず起こっている。学校教育で男女がお互いの身体的特性を理解し，尊重するための性に関する教育は重要である。「男女共同参画基本計画」（2000年）では，基本的な方向の1つに「生涯を通じた女性の健康支援」が掲げられ，具体的施策として「リプロダクティブ・ヘルス／ライツに関する意識の浸透」が記された。そのなかで，学校教育での取組だけでなく，女性は職場での健康診断の機会が少ないことを問題として指摘し，女性に特有の疾病（乳がんや子宮がんなど）の

予防と啓発，更年期の対策など生涯にわたる支援に取り組むことが盛り込まれた。学習や啓発活動は現在にも引き継がれている。

4　学習者としての女性とその学習支援

(1)　両立支援とワーク・ライフ・バランス（work and life balance）[9]

　平成に入って以降，国は仕事と子育てなど家庭生活との両立支援策を重要課題として推進してきた。背景には，少子高齢化と人口減少社会の問題がある。

　1990（平成2）年に1.57となった合計特殊出生率[10]は，2005（平成17）年には1.26まで低下した。下がり続ける出生率と減少する生産年齢人口を目の当たりにして，政府は本格的に仕事と家庭（家事・育児・介護など）を両立させることができる社会の実現に動き出した。人口減に歯止めをかけ，労働人口の減少を女性労働者で補うために，男女共同参画社会の旗印を掲げたのである。すなわち，「子どもを産み育てること」と「働くこと」の両方が女性に期待されている。しかしながら，支援がなければ大きな負担が女性にのしかかるばかりである。現実には，家事・育児・介護と仕事の両立がむずかしい現状から，仕事における責任を回避せざるを得ない女性が昇進を諦めたり，仕事を辞めることもある。仕事を続けるために結婚・出産をためらう女性も少なくない。その結果，女性が活躍することはむずかしく，少子化もなかなか止まらない。支援がないままに無理をすれば，しわ寄せは家庭教育にも及ぶであろう。女性が外で働く時間が長くなれば家庭で過ごす時間は少なくなり，学童期以下の子どもたちの養育支援がより重要になる。男性の家事・育児への参画も求められる。社会教育では，福祉行政などとも連携しながらきめ細かな家庭教育支援に取り組んでいるが，企業を含めて社会全体で家庭を支えていかなければ両立はむずかしい。

　仕事で活躍したいと希望するすべての女性が，個性や能力を十分に発揮できる社会の実現をめざして，2015（平成17）年に「女性活躍推進法」（女性の職業生活における活躍の推進に関する法律）が成立した。国・自治体，企業などの事業主に対して，女性活躍状況の把握や課題分析，数値目標の設定，行動計画の策定・

公表などを求めている。

　現実の社会では，多くの職場で男性中心の働き方（長時間労働など）が問題となっている。少子高齢化で社会経済システムの基盤がゆるぎ，終身雇用制が崩れ，男性の過労死や自殺，離職，介護離職が問題となるなかで，働き方が見直されはじめている。男女共同参画やワーク・ライフ・バランス（仕事と生活の調和）の実現は，男性にとっても豊かな生き方を保障するものであるはずである。

　仕事だけでなく地域活動などで女性が活躍することについては，家族（男性）の理解と協力が不可欠であり，バランスの不均衡を改善する行動とそのための学習が求められている。

(2) 自立のための学習と支援

　社会的に不利な立場におかれることの多い女性は，構造的に自立がむずかしい状況に追い込まれやすい。たとえば，十分な教育機会を得られなかったために，職業的知識・技能や免許・資格を手にすることができず，結果としてよりよい就業機会に恵まれないことになる。また，ひとり親の約85％が母親であるが，その5割近くが非正規雇用であり，預貯金額が50万円以下のシングルマザーが半数である。子の養育費について取り決めをしていないシングルマザーは6割近く，「相手と関わりたくない」「相手に支払う能力や意思がないと思った」というのがその主な理由となっている（2016年，厚生労働省[11]）。背景には，DV（家庭内暴力）の問題も潜んでいる。生活の一時的なサポート（食料支援，補助金支給，保護シェルターなど）も必要であるが，長い人生を見据えて経済的にも生活面でも自立して生きていくための基盤を整える支援が重要である。就業やスキルアップのための学習に関する情報提供や相談対応，公共職業安定所（ハローワーク）などにおける職業訓練や職能開発セミナー，起業セミナーなどの学習支援だけでなく，託児や保育などの養育支援など，労働行政と福祉行政との連携も必要である。

　地域における自立支援の支えも大切であろう。困難をかかえる親を含めさまざまな親子が利用できる子育てサロンや子ども食堂などの取組とともに，サポートのための人材育成とネットワークの形成が，教育行政と福祉行政との連

携で進められている。

(3) 学習におけるポジティブ・アクションの必要性

　生活のあらゆる領域における学習の主体は，あらゆる個人・組織の男女である。男女共同参画の問題を考えるときに，男性（優位に立ってきた側）と女性（差別を受けてきた側）の学習へのかかわり方，興味・関心には温度差がある。公的領域においても，議会，行政組織，企業組織などがなかなか変わらないのは，組織の構成メンバーが圧倒的に男性だからである。このアンバランスを考慮すれば，「基本法」における「積極的改善措置」と同様に，学習においても何らかのポジティブ・アクション（positive action）[12]が必要であろう。学習や社会参加の場面において男女の偏りが多かった領域や分野について，たとえば，女性に意思決定や方針決定場面，経済活動への参加を促す活動，そのためのエンパワーメント，男性には家事・育児や地域社会での活動・人間関係づくりにつながる学習などの領域に，ポジティブな働きかけが考えられる。実際，理系を志望する女子のための科学講座（プログラミングやロボットなどの学習）や男性のための家事講座（男の料理教室）なども実施されている。女性問題は男性問題でもある。実生活上のニーズに基づいた課題（子育てや介護など）について男女がともに参加する学習機会も大切であろう。

【大島　まな】

【注】

1)　SDGs（Sustainable Development Goals）は，2015 年の国連サミットで 193 カ国の合意で採択された。2030 年までに持続可能でよりよい世界をめざす国際目標として 17 のゴール，169 のターゲットから構成され，地球上の「誰一人取り残さない（leave no one behind）」ことを誓っている。目標の 5 番目に「ジェンダー平等を実現しよう（Achieve gender equality and empower all women and girls）」が掲げられている。

2)　厚生労働省「賃金構造基本統計調査」2019。男性の賃金水準を 100 としたときの女性の賃金割合を示した男女間賃金格差は，74.3% である。

3)　総務省「労働力調査」2019。15 歳以上の就業者（自営業等は含まない）では，女性労働者の 56.4% が非正規である（男性は 22.3%）。

4)　平塚らいてう，市川房枝らによる新婦人協会（1919 年）などが，婦人参政権運動を展開し，女性の政治的・社会的権利獲得上いくつかの成果をあげた。

5) 婦人教育施策の歩みについては，志熊敦子「女性の教育・学習の歩み―婦人教育の課題の変遷」『女性の生涯学習』全日本社会教育連合会，1993，p.12-30. を参照。

6) 全国地域婦人団体連絡協議会『全地婦連50年の歩み』2002.

7) 全国地域婦人団体連絡協議会ウェブサイト「第60回研究大会」https:www.chifuren.gr.jp/press/p431/newsback-431_1.html（2021年2月24日最終閲覧）

8) クオータ制（quota system）は，議員や役員などの一定数を，社会的・構造的に不利益を受けている者（女性など）に割り当てる制度である。ノルウェーでは1978年に男女平等法で，公的機関において「男女それぞれの性が構成員の40％以上選出されなければならない」と定め，女性の社会進出が加速した。その後，北欧諸国から各国に広がっている。

9) 経済界，労働界，地方公共団体の代表，有識者，関係閣僚などにより構成される「仕事と生活の調和推進官民トップ会議」が2007年に設置され，「仕事と生活の調和（ワーク・ライフ・バランス）憲章」と「仕事と生活の調和推進のための行動指針」が策定された。

10) 合計特殊出生率は，15～49歳までの女性の年齢別出生率を合計したもので，一人の女性が生涯で生む子どもの数を統計的に示した数値である。

11) 厚生労働省「平成28年度全国ひとり親世帯等調査」.

12) 男女間の格差を改善するため必要な範囲内において，男女のいずれか一方に対し，当該機会を積極的に提供することをいう（「男女共同参画社会基本法」第2条2）。

キーワード

ジェンダー平等　男女共同参画社会　性別役割分担意識　意識の変革　価値の再生産
女性団体　生活課題と地域課題　学習と実践　リーダーの育成　エンパワーメント

この章を深めるために

(1) 政治，経済，教育の各分野の男女格差の実態を把握したうえで，格差を是正するために身近な生活で何ができるか考えてみよう。

(2) 社会教育では，男女共同参画社会実現のためにどのような学習機会が提供されているのか調べ，今後求められる学習について考えてみよう。

第11章 特別な配慮を要する人々の学習

1 特別な配慮を要する人々とは誰か

(1) 特別な配慮とは何か

　学びの機会は，すべての人に平等に保障されているわけではない。さまざまな理由で学ぶ機会から遠ざけられている人たちはたくさんいる。生涯学習支援の中心課題の1つは，そうした人たちが学びに参加することができるようにするための支援をめぐるものである。本章では，そうした支援を特別な配慮という語で示すことにする。

　特別な配慮とは，学びの場から排除されてきた学習者に対して，学びの機会を保障するため，標準的に整備された環境に変更を加えることだと定義することにする。車いす利用者の来館を想定せずに建設された公民館は，車いすを利用する学習者を潜在的に排除している。あるいは，日本語で進めることを前提にして計画された講座は，日本語を話すことのできない学習者を潜在的に排除している。あるいは，保育サービスのない講演会は，子育て中の親の参加を潜在的に排除している。車いす利用者や日本語を話さない学習者を想定しないこと，あるいは学びの場に保育サービスのないことが「標準的」だとしたら，そうした「標準」を変更することが特別な配慮だということになる。

　「標準」とされているものによって排除が生まれていることに気づくためには，排除されている人が学びの場に現れる必要がある。しかし，排除されている人は学びの場に参加しにくいのだから，排除の事実は認知されにくい。こうして標準的な環境は，当たり前の環境として社会に定着している。

　それでも，学びの機会から排除されている人たちの存在が可視化されるよう

になっていくと，それらの人たちに対する特別な配慮の必要性が議論されるようになる。それによって，施設のバリアフリー化，外国人を対象とした学びの場づくり，公民館の保育室設置などが実現していく。

　排除されている人たちの存在の可視化は，これまで当たり前だと思っていたことを捉え直す契機になりえる。標準的な環境が，結果的に特定の人たちを排除していたのだとわかれば，標準的な環境の「標準」に対する懐疑が生まれる。たとえば，施設のバリアフリー化は「特別な配慮」ではなく，「標準的な環境」とすべきではないかという考え方が広がっていく。

　特別な配慮について考えていくと，学習機会から排除されている人たちの存在を意識することになる。学びの場から排除されることによって，学習に向かう意欲や自信や能力を奪われる人たちもいる。そうした人たちが力を取り戻し，学びの場に現れるまでの過程の支援もまた，特別な配慮の領域と考えてもよいだろう。

(2) 特別な配慮の多様性

　特別な配慮という語を用いるにあたって，関連する概念として合理的配慮について理解を深めておくことが有益である。本書で特別な配慮という語を用いるのは，合理的配慮が障害者を対象とする配慮に特化したものと理解されているからだ。生涯学習支援の文脈では，学習者に心身機能の欠損や不全があるか否かにかかわらず，あらゆる学習者が学びの機会から排除されることのない配慮を実践することが求められる。

　特別な配慮を必要とする人たちは多様に存在する。その多様性は，特別なニーズの多様性に呼応する。特別なニーズとは，個人が社会的に排除される原因となる障壁を除去する必要や要求のことである。

　障害者のなかでも，物理的障壁が問題となる身体障害者，情報面での障壁が大きい知的障害者や視覚障害者や聴覚障害者といったように，特別なニーズが異なる場合がある。他方，身体障害者と高齢者にとっての物理的障壁除去，知的障害者や言語聴覚障害者と外国人にとっての意思疎通の障壁除去といったように，異なるカテゴリーに分類される属性のある人たちが共通する特別なニー

ズをもっていることもある。周囲の人たちの無理解によって不利益が生じることも障壁の1つである。無理解の障壁を除去するニーズは，難病患者，LGBT，妊産婦，精神障害者や発達障害者など，特別な配慮を必要とする人たちの多くが共有している。

　特別なニーズは，物理的な障壁，情報面での障壁，意思疎通の障壁，他者による無理解の障壁のほかにも，地理的条件の障壁，経済的な障壁など，多様な障壁と関連する。特別なニーズは多様であり，特別な配慮もそのニーズに合わせて個別に検討されなければならない。

　以下では，特別な配慮のさまざまな形態のなかでも，最も制度化されている合理的配慮に焦点を当て，それらの概念が生涯学習支援に与える示唆について検討する。

(3) 合理的配慮 （reasonable accommodation）

　合理的配慮は，1990年に米国で制定された「障害のあるアメリカ人法」（Americans with Disability Act）で知られるようになった概念である。その後，2006年に採択された国連「障害者権利条約」で取り入れられたことで国際的な合意となり，「障害者差別解消法」(2013年) によって日本にも定着した概念である。

　「障害者権利条約」では，合理的配慮を次のように定義している。

> 　障害者が他の者との平等を基礎として全ての人権及び基本的自由を享有し，又は行使することを確保するための必要かつ適当な変更及び調整であって，特定の場合において必要とされるものであり，かつ，均衡を失した又は過度の負担を課さないものをいう。(第2条)

　合理的配慮の概念の根底にあるのは，障害者以外の人たちが享受している権利や自由を，障害者が障害ゆえに享受できないとしたら，そこには差別があるという考え方である。したがって，障害ゆえに直面する障壁は，社会が責任をもって除去しなければならないという考え方を帰結する。

　合理的配慮の概念が社会通念となるまでは，障害ゆえに直面する障壁は，障

害者自身が乗り越えるべきものとする考え方が一般的だったと考えられている。合理的配慮の考え方は，平等の観念に変更を迫ったといえるかもしれない。かつては，すべての人に同じ配慮がなされることが「平等」だと考えられていたのに対し，合理的配慮の考え方によれば，すべての人が活動や参加から排除されないようにするために，それぞれの人の特別なニーズに応じた異なる配慮がなされることこそが「平等」だということになる。後者を「公正」(equity) と名付けて，平等 (equality) と区別しようとする議論もある。合理的配慮の概念が世界中に広がるとともに，社会が障壁除去の努力をしていかなければならないということが，国際的な合意になったのである。

　生涯学習の機会についても，学びの情報がすべての人に行きわたっているか，学習機会へのアクセスはすべての人に保障されているか，合理的配慮の不提供によって学習機会から遠ざけられている人はいないか，といったことに意識が向けられるようになった。「障害者権利条約」の第 24 条には次のように述べられている。

> 　締約国は，教育についての障害者の権利を認める。締約国は，この権利を差別なしに，かつ，機会の均等を基礎として実現するため，障害者を包容するあらゆる段階の教育制度及び生涯学習を確保する。

「包容する」という語が使われているが，これは排除 (exclusion) の反意語であるインクルージョン (inclusion) の訳語である。生涯学習の機会に参加する学習者のなかに障害者が含まれているのは当然なこととされなければならず，またその障害者が学習に完全に参加し，十分な学びが得られるように支援をしなければならないといった内容が含意されている。

　こうした国際的な合意に基づいてインクルーシブな生涯学習を推進するためには，標準的な環境に変更を加える必要があるし[1]，また同時に，障害者の個別の状況に即した支援を行う必要もある。

　たとえば，講演会に手話通訳者をおくか否かについて，当座，参加者のニーズにかかわらず手話通訳者をおくことを標準的な環境とする努力が必要である。

162

しかし，手話通訳よりも要約筆記のほうが適切な情報保障となる聴覚障害者もいる，また手話通訳者を雇用する費用がない場合もある。障害者の個別の状況に応じて調整や支援がなされる必要があるため，合理的配慮には対話が伴うとされる。合理的配慮の専門書には次のように述べられている[2]。

> 障害者と相手方の間における情報の非共有性ゆえに，どのような配慮が必要かつ可能であるかは，両者が対話を通じて情報を交換し，ニーズと負担に関する双方の個別具体的事情を突き合わせる過程（interactive process）を経なければ，お互いにわからない。だからこそ対話的性格は合理的配慮の手続で重要な意味を有する。

　学習機会の提供者は，対話を通して，どのような配慮を行えば学習機会への十分な参加が実現するのかという情報を得ることができ，学習者も，対話を通して学習機会提供者がかかえる制約について理解をすることができる。それによって両者は，限定された配慮のなかで十分に参加できる方法を模索していく。この対話は，単なる事務的なやりとりを超えて，相互の学びあいとして意味をもたせることもできる[3]。学びの場をマネージメントする際に行われる特別な配慮は，「共に生きるための学び」の契機となりえるのである。

2　障壁に立ち向かってきた生涯学習支援

(1) 閉じた学習集団における特別な配慮

　この節では，事例を通して，学びの場を提供する際に行われる特別な配慮について概観する。その際，共通する障壁に直面する学習者による学習集団を形成することで特別な配慮を提供する場合と，開かれた学びの場で多様な学習者に対して個別に特別な配慮を提供する場合とに分けて検討する。

　まず，学習集団づくりによって学習者への特別な配慮を実践してきている事例として，障害者青年学級を取り上げる。

　障害者青年学級というのは，1960年代に知的障害児を対象とした学校教育

のアフターケアとして生まれ，市民を巻き込みながら社会教育事業として発展してきた取組である。関東圏に多く存在し，そのほかの地域にも少数が点在している。青年学級振興法に依拠して成立したため，障害者青年学級という名称が使われているが，この法律は1999年に廃止され，名称は多様化している[4]。

　障害者青年学級で行われる特別の配慮としては，一般的に次のようなものをあげることができる。障害についての深い理解をもっている指導者をおくこと，学習支援者を手厚くおくこと，教材や各種情報は平易な言葉と文章で構成すること，視覚的にわかりやすい情報の提示を行うこと，ゆったりとした学習の展開を心がけること，気軽に学習者からの相談を受けることができる体制をつくることなどである。

　筆者自身も立ち上げに関与した，東京都心部にある障害者青年学級Aの設立期（1998年前後）の内部資料のファイルが手元にある。これを参照して特別な配慮の要点を述べることにする。

　この資料は主に，この学級におかれていた運営委員会で協議された内容を示すものである。この運営委員会は，障害者福祉や障害児保育にたずさわる専門職員と社会教育関係者によって構成されており，学級全体の運営に責任をもっていた。生涯学習一般の専門性と障害者の日常に深くかかわる専門性との協働が，質の高い特別な配慮の要になると考えられていたことが了解できよう。

　運営委員会での議事のうち，特別な配慮と関連するものは，ボランティアの組織化，障害のある学習者の情報，プログラム立案といった項目である。

　ボランティアの組織化については，学習支援者の役割イメージを共有する努力が図られている。協議の結果作成されたボランティアへの呼びかけ文には，"プログラムに障害のある人たちと一緒に参加し，楽しみながらなごやかな雰囲気をつくりましょう！　プログラムに参加しにくい人たちへ働きかけをして，介助の手が必要な人にたいして援助してください"と記載された。また，協議では，ボランティア対象の学習会の開催や，ボランティアと障害のある学習者とのグルーピングにも時間が割かれている。学習支援の質を向上させ，効果的な学習集団を形成することによって，学習者が安心して学習に参加できる環境

をつくることに強い意識が向けられている。

　障害のある学習者の情報については，投薬，排泄，食事，移動についての個人情報が運営委員会で共有されている。学習者に関する情報としては，食べ物の好き嫌いや趣味，特技，余暇の過ごし方などの情報なども，ボランティアと学習者との関係形成やプログラムの立案に際して有益である。ただし，こうした個人情報は，どこまで一般市民であるボランティアとも共有すべきかということについて，慎重に論議される必要がある。

　プログラム立案については，内容や段取り，役割分担などが協議されている。なかでも安全配慮について議論に時間が割かれる。たとえばプールでの活動が立案された際には，留意事項をわかりやすく説明する文書が作成され，「水の苦手な人には，足元からゆっくりかける」といった留意点についてボランティアとの意識の共有が図られている。また，「ボランティアのプログラム企画への積極的巻き込みをはかる」など，プログラム立案過程についての協議もなされている。

　このように，閉じた学習集団における特別な配慮は，学習機会提供者側が適切な専門性をもったうえで，配慮を必要とする人たちの特別なニーズを把握し，それらのニーズに対応する学習集団の形成，学習支援者の育成，適切なプログラムの企画立案などを行うことといった要点にまとめることができよう。

　ただし，これらの要点も，個別のニーズの内容，学習集団の目的などによって，異なるものになるだろう。たとえば，学習者の自立に焦点化された実践であれば，学習者自身が自らの情報管理，プログラム企画・立案を行うことが強調されることもある。そうなると，特別な配慮も学習者の求めに応じてなされる度合いが大きくなり，必要とされる専門性も異なってくる。

(2) 開かれた学びの場における特別な配慮

　インクルーシブな生涯学習を理念として掲げるのであれば，なるべく多くの生涯学習の機会において，排除が生じないように，さまざまな特別なニーズをもつ人たちが十分に参加できる体制を整えていくことが望ましい。

　ここでは，「子育て支援をきっかけとした共に生きるまちづくり」を理念に

掲げて多様な住民の相互学習を促進してきた事例に基づいて検討する。神戸大学が神戸市との連携協定に基づいて2005年より設置運営している「のびやかスペースあーち」（以下，「あーち」）の事例である[5]。

　地域社会には，性別，年齢，国籍，障害の有無など，多様な背景や属性をもつ人たちが住んでいる。誰でも使えるはずの社会サービスであっても，さまざまな特別なニーズをもっている人たちのなかには，その利用をあらかじめ諦めている人たちも多い。あるいはその社会サービスの情報さえ届かない人たちもいる。できるだけ多様な人たちが利用することで，相互の学びあいを活性化していこうとする「あーち」の理念は，そうした障壁を乗り越えるため，さまざまな形の特別な配慮に向き合ってきた。

　まず情報の観点からは，「誰にでも開かれた場である」ということを示すだけでは，学びの場から排除された経験をもつ人たちには伝わらない傾向がある。排除された経験によって，「誰にでも」というのはマジョリティの人々に呼びかける言葉であり，マイノリティである自分は含まれないと考えるようになっているのかもしれない。あるいは，特別なニーズをもつ人たちを対象とする専門の社会サービスが増えることで，マジョリティと分けられていることに慣れてしまっているのかもしれない。いずれにしても，特別なニーズをもつ人たちに届くメッセージを発することが重要である。その点，特別なニーズをもつ人たちのコミュニティ内での口コミは大きな威力を発揮する。「あーち」では，障害児を育てている母親との関係づくりを手がかりにして，障害児者とその家族に情報が浸透していった。

　排除された経験をもつ人たちが「あーち」を積極的に利用しようとする最大の理由は，「あーち」の活動と自らのニーズとが一致しているというところにある。たとえば，障害児を育てる母親のニーズであれば，子どもを学校に迎えに行き帰宅する前に立ち寄り，子どもを遊ばせることのできる場所へのニーズ，限られた人間関係のなかで生活している親子が社会関係を広げる機会をもつニーズなど，多様なニーズがみえてくる。こうしたニーズにかかわる活動をつくっていくことが，特別な配慮の核心の1つであった。そうしたニーズに即し

て学びの場づくりを行った結果，「あーち」では，「自分で遊びを展開すること
ができない子どもを中心に，さまざまな住民や学生が集まって遊びの輪を広げ
る」ことを趣旨としたプログラムを展開することになっていった。

　他方，学習者の多様性が広がるにつれて，学習者間の利害調整が必要になっ
ていった。たとえば，体を使った動きのあるプログラムへのニーズが高い発達
障害児と，安心して遊びに集中する環境を必要とする幼児との間での利害調整
などである。双方のニーズが矛盾する特別な配慮を要求しており，一方の配慮
が他方の配慮を損なうという関係にある。また，障害児者やその家族の参加が
多くなると，それ以外の属性や背景をもつ人たちが参加を敬遠するようになる
という事態にも遭遇した。

　また，特別な配慮のための資源の有限性にも取り組む必要があった。たとえ
ば，特別な配慮の多くは支援者による介入を必要としているものの，支援者の
質と量を確保することは容易でない。

　通常の制度化された合理的配慮であれば，配慮を必要としている人による申
し出を受けて合理的配慮の内容が決定されるという過程が想定されている。し
かし，学習実践の場では個別のニーズをめぐる対話が日常的に交わされており，
合理的配慮として意識化されないうちに配慮が実践されていることが多い。特
別な配慮を必要とする利用者についての情報交換や協議は時間を割いて行われ
るし，有限な資源のなかで工夫しながら配慮を行う。多様な人たちとの間での
学びあいが深化していくと，個別のニーズに対する配慮は「特別」なものでは
なくなる[6]。

3　共生社会に向かう生涯学習の推進

(1) 障害者の生涯学習推進政策

　同質性が高いとされてきた日本にあっても，時代が進むにつれて，社会が多
様な人たちによって構成されていることが深く認識されるようになってきた。
日本国内で暮らす外国人は全人口の 2% を上回り，労働人口の減少を背景にそ

の数は今後も増えていくことが見込まれている。また，人口比が3〜5%に上るとされるLGBTについても，社会的認知も進んできている。さらに，2012年には通常のクラスに特別な支援を必要とする子どもが平均で約6%在籍するという文部科学省の調査結果が公表されて話題になった。発達障害児をめぐる議論が盛んになることで，成人の発達障害者の存在も意識されるようにもなった。

　こうした多様性に応じた社会の形成は，国家政策としても課題となる。総務省は2005年に多文化共生の推進を地方行政の重点施策に掲げ，また厚生労働省は2016年に地域共生社会実現本部を設置した。さらに内閣府は，"国民一人一人が豊かな人間性を育み生きる力を身に付けていくとともに，国民皆で子供や若者を育成・支援し，年齢や障害の有無等にかかわりなく安全に安心して暮らせる「共生社会」を実現すること"をめざして，政府一体の取組を行うとしている。

　こうした動きは生涯学習の推進を含んで展開しており，社会教育行政にも影響を与えている。ここでは，障害者の生涯学習推進政策の動向を概観しておくことにする。

　文部科学省は2017年度から障害者学習支援推進室を設置した。これによって，障害者の多くが学校卒業後に学ぶ機会が少ないことを課題とした政策が展開することとなった。2018年度に公表された学校卒業後における障害者の学びの推進に関する有識者会議報告書『障害者の生涯学習の推進方策について』では，次のように述べられている。

> 　障害者の生涯学習に携わる人や組織の整備はいまだ不十分であり，学校卒業後の学びの場やプログラムが不足している状況を踏まえ，障害者の生涯学習の推進に向け，学びの場づくり，障害に関する理解促進，取組を推進するための基盤の整備の観点から取り組むべき方策を以下に提言する。

　提言は，学びの場づくりモデルの開発・普及，学びの場づくりの担い手の育成，地方公共団体の体制整備，啓発など多岐にわたっている。障害者の学びの

機会は，行政だけで広げられるものではなく，ネットワークの構築や役割分担などを通して協働的に拡充していく必要がある。

2019年度から「学校卒業後における障害者の学びの支援に関する実践研究」を地方公共団体，大学，社会福祉法人，NPO法人などに委託し，モデルプログラム開発に着手した。また，「地域における持続可能な学びの支援に関する実践研究」を2020年度から都道府県や政令指定都市に，2021年度から市区町村に委託し，推進体制構築モデル開発を行っており，社会教育行政等の働きが期待されている。

特別な配慮を要する人々の学びの機会を保障しようとすれば，学びの場における特別な配慮についての情報を集め，モデルケースを蓄積するとともに，学びの場づくりが偏りなく展開するための体制構築をしなければならない。

(2) 政策遂行上のさまざまな課題

社会教育行政等が学びの場における特別な配慮の充実を図ろうとする際，いくつかの課題に直面するが，とくに情報発信，連携・協働，担い手の育成といった3点の課題の比重が大きい。これらの課題について述べておく。

情報を届けたい対象者に適切な学びの情報を届けることは，容易でないことが多い。特別な配慮を必要とする人たちのなかには，社会的に孤立していたり，必要な情報を得るスキルが不足していたりなど，情報から取り残されていることも多い。学習情報を学習行動に結びつけるためには，情報源への信頼が不可欠だが，社会的排除は他者のみならず行政をはじめとする組織に対する信頼も奪うことがある。また，ICT技術の開発と普及によって，学習情報環境も大きく変化している。各人の携帯端末から学習情報を取得しやすくなったものの，端末を操作できない人たちは取り残される。また，インターネットによる情報が適切に受信されるかどうかは，受信者の能動的な探索行動に依存している。すなわち，学びの場を能動的に探していない受信者には，情報が届きにくい。

なお，ICT技術は，確かに特別な配慮を必要とする人たちの学ぶ機会を広げる可能性がある。たとえば，インターネットを通したオンラインでの講座などによって，医療的ケアが必要で外出が困難な学習者に有効な学習機会を提供

できる。しかし他方，インターネット環境や接続の操作に困難をかかえる学習者の存在を忘れてはならず，そうした状況に対する支援体制を検討する必要も今後大きくなってくるかもしれない。

　学びの場における特別な配慮の充実のためには，さまざまな組織の連携・協働が不可避である。専門性の異なる組織間の連携によって，対処できる困難の幅が広がる。たとえば，障害者の学びの場を拡充しようとする場合，地域の学習資源を熟知した社会教育行政，学習者の特性や背景などに熟知した学校教育行政，さらには福祉サービスに熟知した社会福祉行政，学びの場を開いている民間の事業体との連携・協働が有効とされることが多い。

　とはいえ，連携・協働が有効に機能するためには，一定の条件が必要である。まずは組織間の信頼関係である。一方が余分な仕事に付き合わされているという感覚をもつ場合，連携・協働は成り立たない。また，共通の目的と使命感をもち，自分たちの組織の役割を明確に自覚できていることも，有効な連携・協働の条件となる。

　学びの場における特別な配慮の充実を支える担い手の育成も，政策遂行上の大きな課題である。担い手についての課題には，いくつかのレベルがある。第一に，学びの場を管理・運営している人が，特別な配慮についての理解やスキルを身につけるというレベルである。第二に，特別な配慮を必要とする学習者に寄り添い支援することのできる人の育成というレベルである。第三に，特別な配慮を必要とする人を学習者とする実践をつくり上げていく実践家の育成というレベルである。第四に，地方自治体などで学びを支える職員の理解やスキルを向上させるというレベルである。配慮を必要とする人自身がこうした担い手になるという想定も含めて，草の根の担い手を増やしていくことは，重要な課題である。

4　生涯学習支援の存在証明

　この章では，特別な配慮という概念をめぐって議論を展開してきた。この議

論は，特別な配慮がなされないことで，学びの場から排除されてきた人たちの存在を前提とする。排除されてきた人たちを学びの場に包容していこうとするとき，特別な配慮が必要とされるのである。

しかし，本来，"国及び地方公共団体は，……すべての国民があらゆる機会，あらゆる場所を利用して，自ら実際生活に即する文化的教養を高め得るような環境を醸成するように努めなければならない"（社会教育法第3条）とされてきたのであり，特定の理由で学びの場から排除されてきた人たちの存在には，もっと以前から光が当てられていなければならなかったはずである。そのような観点から考えると，特別な配慮を「特別なこと」に位置づけている状況そのものの問題性が浮かび上がる。特別な配慮は「普通のこと」にならなければならないのであり，そのような状況に至る学びが開かれていかなければならない。

とはいえ，学びの場から排除されてきた人たちに対する特別な配慮を充実させるという課題は，広く深い。特別な配慮がなされることで学びの場に参加できる人は，多様に，しかも広く存在する。そのうえ，それぞれの特別な配慮は明確なゴールがあるわけではなく，日々の努力の上に成り立つような実践でもある。ひきこもりの青年や中高年が増えてきている。かれらに学びの場を開いていくとはどういうことか。施設入所者や長期入院患者の学びの機会はどうか。経済的に貧困で高齢になる親と障害のある子どもの世話をしながら生活を営んでいるシングルマザーの学習に対してどのような特別な配慮が可能なのか。

住民である学習者のこうした状況を見据えながら学びの場における特別な配慮を考え実践することは，生活支援やまちづくり支援と重なり合う内容をもつだろう。このテーマは，「生涯学習支援論」全体の底流になければならないし，また同時にほかの支援領域との接点を創り出す点でも，重視される必要があろう。

【津田　英二】

【注】
　　1）　標準化された合理的配慮を事前的改善措置と名付け，個々人によって異なる特別な

ニーズに対応する合理的配慮とは区別する議論もある（川島聡他『合理的配慮』有斐閣，2016，p.8）。

2)　川島聡他『合理的配慮』有斐閣，2016，p.54.

3)　教育や学習という視点からの合理的配慮へのアプローチは，次の文献に詳しい。日本福祉教育・ボランティア学習学会『日本福祉教育・ボランティア学習学会研究紀要—特集：合理的な配慮は福祉教育・ボランティア学習を生み出すか』33，2019.

4)　障害者青年学級の成り立ちやその実践における支援の論点については，次の文献に詳しい。津田英二『知的障害のある成人の学習支援論』学文社，2006.

5)　「のびやかスペースあーち」については，次の文献を参照のこと。津田英二監修『インクルーシヴな社会をめざして』かもがわブックレット，2011／津田英二「都市型中間施設の効果と課題」『神戸大学大学院人間発達環境学研究科研究紀要』11（1），2017，p.111-119.

6)　次の文献にも，公民館での実践において，合理的配慮や特別な配慮といった概念を用いることなく，"多様な構成員の密度の濃い関係性のなかで試行錯誤してきた実践"の様子が描かれている。井口啓太郎・針山和佳菜「公民館の実践が生み出す葛藤と対話」『日本福祉教育・ボランティア学習学会研究紀要』33，2019，p.53-64.

キーワード

特別なニーズ　合理的配慮　インクルーシブな生涯学習　共生社会　社会的排除
障壁除去　障害者青年学級　障害者権利条約　協働・連携　特別な配慮
事前的改善措置　対話

この章を深めるために

身近にある学びの場における特別な配慮を書き出し，それらがどのような人たちの学びに貢献しているか，検討してみよう。

【参考文献】
津田英二『知的障害のある成人の学習支援論』学文社，2006
鈴木眞理・津田英二編『生涯学習の支援論』学文社，2003
津田英二『物語としての発達／文化を介した教育』生活書院，2012

第12章　生涯学習支援という考え方

1　教育と学習支援と

社会教育関係団体への補助金支出に関係した議論で出てくる「support but no control」の議論は，「援助はするが統制しない」というような日本語で表現されてきた。単純明快ともいえる「no support no control」「援助もしないが統制もしない」という立場とは違う，この考え方についての議論が盛んになされていたのは，第二次世界大戦敗戦後「間もない」時期である。1949（昭和24）年公布施行の社会教育法が定着し出す1950年代から1960年代のこと，社会教育法の「大改正」が行われた1959（昭和34）年の前後であった。

なにか，冒頭からややこしい議論になってしまったようであるが，現在の社会教育のおかれた環境は，そんな議論とは無縁であり，当時の議論を体験していた，あるいは少しでも学んだことのある者にとっては，無邪気に「支援」の必要性やあり方が議論されている状況にはきわめて違和感を感じるものである。多くのマトモな先人・社会教育関係者の嘆きが「草葉の陰」から聞こえてくるようでもある。

碓井正久（1922-2004年）という研究者の名前も，初めて聞くような読者（いや，社会教育関係者もだろうな）も多いのであろうが，その碓井が，次のような議論を展開していた。『新社会教育』（学文社，1986年）という大学生向けテキストに「自発的・自主的」というコラムとして掲載されているものである[1]。

碓井は，「戦前の日本でも，たとえば国民が自発的に戦争遂行に参加することを期待してそのために社会教育が展開されていたのである」という。以下，碓井の説明を，そのまま引用しておこう。

英語でこれに相当する言葉には spontaneous がある。他から強制されずに自分の意思で動く状態をいうのだが，同義語をあげると automatic，voluntary という語がうかびあがる。ところがこの２語は同じ自発的でも意味がまったく反対になる。ボランタリはあくまでも人間の内省と意思とをともなう自発性であるが，オートマチックは，内省をともなわず意思とは別に自動的機械的に自発的な状態を示している。ふたたび戦前の日本の社会教育に即して考えれば，もちろんボランタリな動きもあったが，多くは教育の中でオートマチックに自発性を発揮するようになっていたということができる。いずれが好ましいかよく判断しつつ，この自発的・自主的ということばを使う必要があるといえよう。

　碓井のこの議論については，言語学的・語彙論的からの厳密な検討がなされたものであるかどうかは別にして（いや，してないと考えられるが），社会教育の領域では，理解が容易であろう。内からほとばしる spontaneous，その際「内省と意思」とを介在させる voluntary，それがなく「自動的機械的」な反応としての automatic，というような解説になっている。行動する主体だけでなく，考える主体が存在しているかどうか，というように考えてもいいのであろう。その考える主体をどのようにつくっていくかが問題なのであろう。考える主体の前提には，学ぶ主体の存在を措定することが必要なのであろうし，学ぶ主体の尊重こそが，教育の前提にもなる。

　碓井はかつて，次のようなことを書いていた。これは，創立時からの会員であり会長も務めた日本社会教育学会を退会するときの届けに添えられた手紙である[2]。

　一つ気になることがあります。海外でもそのようですが，日本の学界でも生涯『教育』論が死語になって生涯『学習』論に言い換えられているように見えることです。教育論は教育目的の吟味を前提とし，学習論は教育方法論として教育論に内包されます。その教育論から外れた学習論は，学習能力発達研究か，ハウツウ的な『勉強の仕方指南』に堕しはしませんか。生涯教育論といわないでもよいが，せめて生涯学習計画論とか，生涯学習支持・支援論とかいえば，教育目的のしっかりとした吟味がなされなければならず，社会教育研究者の論となるようになると考えるのですが，如何でしょうか。

碓井は，生涯学習論ではなく，生涯教育論を提唱しているわけであるが，それは，「教育的価値」というものの存在を重視する立場を表明しているものだと理解することができる。前述の，人間の自発性・自主性を考える際の「内省と意思」は，学習者の側の問題，この「教育的価値」への注目は，教育者側の問題として位置づけることができる。その両者があってはじめて，生涯学習の支援，生涯教育が考えられるということなのだろう。

2　支援と援助と

　教育基本法は，1947（昭和22）年に制定され，2006（平成18）年にその全部が改正された。制定当初の法には，「支援」という用語はない。「支援」は，改正時に加わった用語で，第4条（教育の機会均等）の第2項で「障害のある者が，その障害の状態に応じ十分な教育を受けられるよう，教育上必要な支援を講じなければならない」という形で出てくる。また，第10条（家庭教育）の第2項で，「保護者に対する学習の機会及び情報の提供その他の家庭教育を支援するために必要な施策を講ずるように努めなければならない」と規定されている。

　社会教育法においては，「援助」という用語が，公民館の運営で営利目的の事業への「援助」の禁止規定や，公民館の基準に沿って文部科学省や都道府県が市町村に対し「指導助言その他の援助に努める」として出てくる。前者は，法制定時1949（昭和24）年から用いられているものであり，後者はのちの改正時に加わったものである。このほか，「奨励」という用語も使われているが，ここでは，それらの用語が，それほど厳密には規定されずに用いられてきていること，たとえば行政施策としての「学校支援地域本部」事業などにもみられるように，近年では，「支援」という用語が頻繁に用いられているということだけを確認しておくにとどめよう。

　ただしかし，かつては，いわば制度論・行政論の領域では，これらの概念にかかわる議論は，丁寧に行われていたということも理解しておく必要があろう。たとえば，1968（昭和43）年に刊行された『現代社会教育事典』では，「行政

指導」という項目が詳述され，「助言」「指導」などの概念にも言及して，その原理的解釈・行政的解釈が説明されている。この執筆者は，文部省職員で，のちに社会教育界の「重鎮」的存在となる伊藤俊夫であった。また，この項目には「社会教育専門職員」が続き，社会教育主事等の職務に関する議論がなされていた[3]。

1989（平成元）年に刊行された「生涯学習講座」という全6巻で構成されているシリーズものがある。「本講座は，生涯学習推進に必要な知識や技法を広く生涯学習関係者に提供すべく刊行されたものである」と述べられている。そのうちの1つの巻に『生涯学習援助の企画と経営』（辻功・新井郁男編）が割り当てられている。章構成をみると，第1章「生涯学習援助計画の理論と実際」，第4章「個人的生涯学習計画と援助システム」という章があり，「援助」という用語が標準になっていると考えられる。ただし，この本では，第2章はいわば公民館概論，第4章はいわば学習者・学習行動論になっており，「援助」をどのように把握して議論が展開されているのか，読みとるのは困難であると思われる。無意識・無自覚に「援助」という用語が使用されているのだといえよう[4]。

社会教育主事養成科目の見直しのなかで，「生涯学習支援論」なる科目がつくられた。行政の判断によって，大学が開講する科目名が決定されるというおかしなことにも何も違和感がない「業界」の体質もどうかしているのであるが，その科目のテキストとしてこの本も企画されているわけで，大きなことはいえないのかもしれない。いずれにしても，このかんの動きは，「援助」から「支援」へ，といえそうであるが，その変化は，どのように理解をすればいいのか，次のように整理できないであろうか。

「援助」という用語は，総合的な意味合いをもつように思われる。いわばその対象の主体的な行動・主体形成の手助けをする，ということとして理解すればいいのであろう。これに比べ「支援」という用語は，"個別的に何らかの機能発揮の手助けをする・個別の行動の手助けをする"というように理解すればいいのかもしれない。「援助」の対象となる人間は，援助者に依存する人間，「支

援」の対象になる人間は，ひとまず自立した人間と考えていいのかもしれない。特段の根拠がある議論ではないが，このように整理してみると，あれこれみえてくることもある。

　一見，「援助」から「支援」へという変化は，自立した人間を前提としていて，個人を尊重する方向であるということで，好ましいことであると思える[5]。ただしかし，この変化は，"行動の主体の総体として手助けする，その主体が自己決定した行動の遂行を手助けする"ということではなく，"手助けをする側によって選択された行動の遂行を手助けする"ということになっているのではなかろうかと考えることは杞憂だろうか。また，発想として，「個人の自己責任」の議論と裏腹な存在ではないかということも懸念されることであろう。教育の領域における「支援」と「援助」をどのように考えるかという作業が十分になされることが求められているのだろうと思える。いや，このようなことを考えること自体が，今では意味のないことになっているのであろうか。

3　社会教育と生涯学習支援と

　社会教育の概念と生涯学習の概念が，よく混同される。1988（昭和63）年，文部省が社会教育局を廃止し，生涯学習局を設置した時期から，その傾向が強まったと考えられる[6]。混同されるというか，生涯学習も社会教育も同じであるとか，ほんの少し原理的な検討をすればわかりそうなことを，なんの恥もてらいもなくいい加減にしている関係者や大学の教員もおり，意図的な混用もあり，これに関する議論は厄介である。

　しかし，ちょっと考えればわかることだが，社会「教育」と生涯「学習」とが同じであるはずがないであろう。「青緑（あおみどり）」は，青みがかった緑であり，「緑青（みどりあお）」は緑がかった青，なのである。では，社会教育と生涯学習は，どのように捉えればいいのであろうか。"生涯学習のなかに社会教育が含まれる"とする人もいるが，それは間違いであると考えることが正しいであろう。ベン図を描いて，全体集合を生涯学習とし，その部分集合を社会教育だとする説明である。

そもそも，「教育」と「学習」を平面的に図示することは困難なことであろう。含む・含まれる関係ではないのである。

　"生涯学習支援の一環として社会教育がある"という考え方・説明が，妥当なものであろう。"生涯学習支援は，さまざまな担い手が，さまざまな形で行っているが，社会教育という形で行われるものもある"ということである。生涯学習そのものと社会教育の関係ではなく，生涯学習支援と社会教育の関係というように，同種の行為の関係を考えてみるということである。このように考えてみると，さまざまな論点の検討が可能になる。このことに限らないが，「そのように考えると，何かいいことがあるのか？」という態度は重要なことである。

　さて，ここでは，生涯学習・社会教育の概念そのものに関する議論はしないが，"生涯学習支援の一環として社会教育がある"と考えると，どんないいことがあるのだろうか。まず，生涯学習の支援はさまざまな担い手によってなされているという認識ができるということである。ひとり教育という営みだけが生涯学習支援を行うわけではないということである。本を読むということは，本屋さんによっても支援されているし，図書館によっても支援されている。本屋さんは商業活動をしている機関なわけだし，図書館は教育，とくに社会教育をしている機関である。さまざまな展示施設・アミューズメント施設も，博物館も同じように，人々に「モノ」の展示を通してその学習に貢献しているが，展示施設・アミューズメント施設は娯楽を目的とし，博物館は教育，とくに社会教育をしている機関であるといえるだろう。もちろん，現実はこのようにハッキリとは割り切れないものであるが，原理的には，このように考えることがまず必要であろう。生涯学習支援は，さまざまな担い手によってなされるが，社会教育もその生涯学習支援をしているということなのである。

　では，社会教育が行う生涯学習支援は，ほかの機関などが行っているものと比べて，どのような特徴があるのだろうか。図書館で所蔵し貸し出している本（資料）は，図書館で選択されたものである。それらの本は，図書館が，みんなが読みたいと思っていると考えている本と，みんなに読んでもらいたいと考え

ている本とに分けてみることができる。展示施設・アミューズメント施設では，みんなが見たい・知りたいと思っているものを展示し，博物館では，みんなに見てもらいたい・知ってもらいたいと思うものを展示している。社会教育の世界では，学習課題を要求課題と必要課題という具合に分けて考えることがあるが，「みんなが…思っている」ものは要求課題に，「みんなに…思っている」ものは必要課題に相当すると考えられる。

　社会教育が行う生涯学習支援は，ここで示したように，"必要課題を意識した形で，教育として行われる"ということである。このことは当たり前のようで，なかなか理解されていないことである。生涯学習支援は，社会教育，とくに行政が担う社会教育のみが行えばいいということではないのである。このことは，生涯学習と社会教育が同一視されるとか，用語法の混乱として，30年以上前から継続して存在してきたことである。

　ところで，かつて，「生涯学習まちづくり出前講座」という事業が，実施されたことがある。単なる「出前講座」なら，全国どこでも実施されているものである。しかし，これは，「生涯学習宣言都市」を名乗る埼玉県八潮市が，簡単にいえば，市民からの要望に応えるために，行政の諸部署の職員を「出前講座」のために派遣する事業であり，発想や理念が注目される事業であった。市長部局が主導して，市役所職員に対して「生涯学習」という概念の理解についての研修を実施し，行政職員全員が市民の生涯学習推進の支援を担う役割を負うことの自覚をもてるようにしてからの，「出前」であった。もちろん教育委員会も協力し，学校教員も「生涯学習」についての研修を受けていた[7]。

　この事例から理解できることは，生涯学習の支援は，社会教育行政のみができる・することではないという単純なことである。生涯学習の支援は，行政はもちろん民間の営利機関も，民間の非営利機関も行うことであり，さらに教育を主目的とする機関等が担うということではないというきわめて当たり前なことである。行政が担うといっても，教育委員会の領域ではない首長部局が担うこともある。生涯学習支援を社会教育の領域，社会教育の観点で語る・実施する時はどこに意味があるのか，そのためにどのように行うことが必要かについ

ての検討が重要なのである[8]。

4 技法と内容と

何年にもわたる利用を前提とする，大学生の「教科書」として想定されている本に，執筆・刊行時の社会状況をもとにした記述はなじまない。しかし，2020 年初頭からの「新型コロナウィルス」の世界的蔓延状況とその影響は，おそらく人類史上の大きな出来事であり，さまざまな領域で，このことを契機とした大きな転換が起きるのではないかと思われる。社会教育・教育・生涯学習支援の領域でもこのことに言及することは避けては通れないであろう。

大学では，「オンライン授業」の活用が広がった。そもそも，大学で「講義」ではなく「授業」という用語がためらいもなく使われることが大学の変質を示しているのであろうが，「対面」（この用語が奇妙に感じられないことも，異常の象徴である）が基本である教育を「オンライン」で行うことにためらいがない状況も異常である。教員は競って，「オンライン授業」に適応しようとする，いや適応を強いられる。そこには，内容より方法への関心が上回り，大学は何をするところかということの検討がおろそかになっているという現実がある。教育内容の吟味・精選より，どのようにオンライン「授業」をつくるかに関心が移っている。教員がいわば「まとめサイト」化していて，知識を整理して見映えのする資料をつくることに腐心している姿は，奇妙なものであるし，人的資源の無駄遣いでもあろう。翻れば，その程度の人間が大学の教員になっているという現実もあるのだろうが。

教育の領域では，遠隔教育には，長い蓄積と実績がある。古典的な郵便などの利用から，近年ではラジオ・テレビ放送の利用，さらには，現在のオンラインに近い形での講義が行われてもきている。そこでは，しかし，教育は「対面」で行うことが前提であり，オンラインはその補助であるという認識・自覚はあったと思えるのだが，「緊急事態」で状況は変化した。「オンライン授業」も，やってみればさまざまな可能性があるというようなことを，訳知り顔で口にす

る教員も少なからず出てきている。単に技術や知識を示して伝達することなら ば，オンラインも利用価値はあるだろう。実物や画像の提示などは，昔から大 学でも行われてきたことである。それ以外の「何か」が大学の大学たるゆえん であろうが，そのことは顧みられない。実務的な教育を志向する専修学校・各 種学校での教育では，問題は少ないのであろうし，その可能性は広がるのであ ろう。いや，そこでは実際の技術の取得・体得という点でのデメリットも想定 されるのだが。

　「オンライン授業」の背景には，学生が，ウェブ上の検索サイトを利用して 「調べる」ということがごく当たり前になっているという状況もある。一昔前 ならば，図書館などを利用し，さまざまな参考図書に当たったりの活動があっ て初めて意味のある資料に行き当たる。その過程で関連した重要なことにも気 づく。そのようなことなしに，キーワードを入れれば，一瞬で，関連している 情報が入手できる[9]。その情報の意味や背景にまでわたって理解できるように なるには，「検索」の技術に長けるだけでは不十分なのであり，「調べて」「わ かる」には，手間ひまがかかるということ自体の認識がないのである。大学は， ひまがあって初めて意味をもつものなのだろう。ひまがなければできないこと， それが大学の存在意義につながるものなのであろう。ひまを見つけて，考えて みてみるといい。

　2020 年からの「新型コロナウィルス」の蔓延状況に伴い，社会教育の領域 でも，事業がオンラインで実施されることも多くなってきて，オンラインの事 業（講座など）の利点などを評価する関係者も存在する。前述のとおり，単に技 術や知識を示して伝達することを企図するのなら，社会教育の領域でも，オン ラインの利用価値はあるだろう。行政の担う社会教育で，そのようなことだけ をやってきているなら，話は簡単で，財政的負担は大きいとは思うが，設備を 整えれば社会教育の事業は，そう大きな困難もなく継続できる。社会教育には， 大学と同じように，それ以外の「何か」が期待されているわけで，そう簡単に はいかないはずである。

　とくに，行政が提供する社会教育の機会で期待される「何か」は，周囲の人

間・仲間との交流を通じての自己形成であり，合理的な思考を前提に行動する人間の形成，とでもいえることであろう。公共性を備えた人間が形成されることが期待されているということなのである。集めた情報をもとに深く考えて行動する，そういう人間が増えることが期待されていると考えていいのだろう[10]。

　社会教育の領域では，集団運営の技法は，昔から関心事であった。第二次世界大戦敗戦までの社会教育が，「非施設団体中心性」という特徴をもつという碓井正久の議論はこの領域ではごく基礎的な共通理解であるはずだが，国民を統制するために合意形成の手段としてさまざまな集団活動が利用されたということである。ところが，敗戦後は，個人を地域・イエなどにおけるさまざまな規制からの解放をめざす活動のなかで，小集団が注目され，ワークショップの技法が導入され，「オリエンテーションで始まりエバリュエーションで終わる」形式が広がったということがある。近年では，さまざまな集会において，アイスブレーキングの技法が活用され，場の雰囲気づくりに配慮がなされることも当たり前になってきた。さまざまな細かな技法も考案され，指導者の研修においては，その技法の体得がめざされ，受講生にも好評である[11]。

　しかし，社会教育の意義は，そのような集団運営の技法を蓄積しているということにあるのではないことが忘れられていることは，大いに懸念されるべきことであろう。社会教育の矮小化された理解とでもいうべき，技法のみが切り取られてしまい，そこで追究すべき内容が顧みられないという弊害に敏感でなければならないのだろう。さまざまに工夫されたワークショップで合意が形成されても，それは，そのような非日常的場面での合意なのであって，猥雑なという言葉が適切であるかは別として，複雑な要素が絡み合う日常的な生活場面での合意とは質が違うのであろう。心理学などを基礎にしたというのだろうが，どれほどの意味があるかは定かではないないはずだ。たまたまその場にいる人間への関心か，ずっと長く付き合う・関係をもつ人間への関心か，社会教育の領域では，後者が意識される必要があるということを社会教育の関係者は強く自覚すべきであろう[12]。

5　学習者の存在と支援と

　碓井正久については冒頭で言及したが，その碓井が1980年代であろうか，敗戦後すぐの時期に自分たちが社会教育の実践として関係してきたことが意味がないような状況になっていたのをみて嘆いている場面に接したことがある。現在の「新型コロナウィルス」の蔓延状況をみていて，専門家は感染者の減少のためには人間同士の接触の減少が基本であるというが，それが理解できない，理解できても行動につながらない，そのことを意に介さないかのような多くの人々の行動に，同じような感慨をもたざるをえない。

　このかんの社会教育の成果は何であったのだろうか。社会教育は無力だったのであろうか。いや，それをいうなら，学校教育の無力さのほうがまず語られらなければならないのだろうし，人々の意識の問題に帰してしまうことがいいのか判然としないが，合理的な行動をとる人間がどれほど存在しているのだろうかと考えざるを得ない状況だ。教育は，合理的な行動がとれる人間を形成することに意義があったのではないのか。

　効果がないということで，教育という営みをやめるわけにはいかないのだろう。しかし，そのことを認識しつつ，さらに人類の歴史が続くかぎり，教育は続けられるものなのであろう。大袈裟な言い方なのであるが，それを前提にすることを崩してはいけないのであろう。

　さまざまな人間が存在するのである。そして，それが正常な社会なのである。外から働きかけを何もしなくても合理的な行動ができる人もいれば，どんな働きかけをしても何ともならない人もいる。そういう認識のもと，社会教育は展開される必要があろう。さて，「生涯学習支援論」という科目を設定した関係者は，どのような人間，学習者を念頭においていたのだろうか。

　個別的に何らかの機能発揮の手助けをする・個別の行動の手助けをする，というように理解される「支援」が必要な人間が前提になり，主体形成の手助けをするという意味での「援助」が必要な，依存的な人間は前提にしていないということであろうか。また，「支援」も必要でない人間は，自立し自律的な行

動が想定されるので，その前提から外れるのであろうか。「支援」を必要としない自律的な人間には，すでにあげた「援助」とは別の形の「援助」を提供することがあっていい[13]。

　すべてのことが可能なわけではないのだろうから，それはそれでいいのだろうが，かつての社会教育では，「去る者は追え」といって，人間にトータルにかかわろうとしたこともあり，それが社会教育の存在意義であるようにも捉えられていたと思える[14]。

　効率や実績を気にする行政が担う社会教育では，そのようなことは余計なことであると考えられるかもしれないし，個人の選択の自由を侵すことになるともいえるのであろう。「追う」ということをどう考えるかということである。かつて倉内史郎が，生涯学習を個人にとっての学習としたとき，「人が学んでいるとき，そこには学ばないという選択をも含めて，その人の生き方が反映されている」[15]と述べていたが，そのとおりであろう。しかし，倉内も社会的な機能としても生涯学習を把握していたし，学習ということを考える場合と，教育を考える場合で話は異なるということを，理解しなければならない。

　教育という営みは，その背後に目的を達成しようとする意図（教育的意図）が存在していること，何が望ましいことなのかという価値（教育的価値）を前提にしていること，そのような構図で展開されていることを改めて強調しておこう。生涯学習を支援する一環として社会教育が存在する，という意味をもう一度確認してみたい。

　いや，このような議論は，昔から社会教育領域で学習・研究をしてきた者，昔ながらの研究スタイルを継承しようとしている者の，繰り言なのであろうか。

【鈴木　眞理】

【注】
1)　碓井正久・倉内史郎編著『新社会教育』学文社，1986，p.17.
2)　2001年10月付。筆者は当時事務局のある東京大学教育学部に勤めており，この手紙については，当時学会幹事をしていた梨本雄太郎助手から教えられた。意味のわかる梨本の行動が，碓井の考え方を残しておけることになったものである。鈴木眞理

「碓井正久―社会教育原理論の追究と人間的魅力を持った研究者」(『新 社会教育論者の群像―社会教育を支えた人たち』第9回)『社会教育』2011年6月号，p.44-49.

3) 伊藤俊夫「行政指導」平沢薫・三井為友編『現代社会教育事典』進々堂，1968，p.626-633. なお，ここでは，「支援」という用語への言及はない。

4) いくつかの事例を取り上げただけにすぎないが，社会教育の領域では，「支援」という用語は，それほど「由緒正しい」用語とはいえそうにもないと考えることが妥当ではないのだろうか。いやしかし，1970年代の議論では，学校教育の領域では「指導者論」はあるが，社会教育の領域では，それに代わるものとして「支援者論」がある，というようなことが語られていたのではないかと思える。また，1990年代のことであるが，東京都のある区の社会教育委員会議において，答申文の調整を行っているとき，大手新聞社の（科学領域の）論説委員をしている議長が，「援助という用語は，支援という用語に換えたほうがいいのではないか」という発言をしていた場に同席していたことがあるのだが，社会教育の領域と外の世界との違いを感じたこともある。このあたり，まったく根拠資料なしの議論をしているが，案外重要なことなのかもしれない。

5) 近年，「リスペクトする」という英語が日常的に使われる状況がある。それは「尊敬する」とか「尊重する」とかということではなく，「認識する」「はい，あなたは，そこに居ますよね，わかっていますよ」ぐらいに理解していることを表明しているにすぎないのではないだろうか。この，「援助」から「支援」への動きも，その程度のものなのかもしれない。社会教育法第5条において，市町村の事務として示される項目の増加については，この「支援」への動きと関連していると考えられる。また，法制定時（1949年）の社会教育法第35条は，「国庫は，公民館を設置する市町村に対し，予算の定めるところに従いその運営に要する経費の補助その他必要な援助を行う」，第36条は「前条の規定により国庫が補助する場合の補助金の交付は，公民館を設置する市町村の左の各号の経費の前年度における精算額を基準として行うものとする」という規定になっていた。この場合の「援助」のあり方は，「援助」の再評価という観点で，重要な論点を提供していると思われる。このあたりについては，鈴木眞理「社会教育計画と社会教育経営」山本珠美・熊谷愼之輔・松橋義樹編著『社会教育経営の基礎』学文社，2021，p.229-230. を参照されたい。

6) このあたりに関しては，鈴木眞理「生涯学習社会の社会教育」鈴木眞理・松岡廣路編著『生涯学習と社会教育』〈シリーズ 生涯学習社会における社会教育 第1巻〉学文社，2003，p.139-158. 鈴木眞理「社会教育政策の意味と変遷」鈴木眞理・大島まな・清國祐二編著『社会教育の核心』全日本社会教育連合会，2010，p.7-24. を参照されたい。

7) この事例についての概要ならびに事業推進の当事者からの回想も興味深い。「松澤利行氏（元埼玉県八潮市役所職員）に聞く」鈴木眞理・稲葉隆・藤原文雄編著『社会教育の公共性論』〈講座 転形期の社会教育V〉学文社，2016，p.183-200.

8) このように考えると，この本の構成はこれでいいのかについても，再検討しなければならないのかもしれない。でも，先行する類書でも，こういう科目をつくった文部科学省・関係者も，そんなことは考えてないと思える。

9）　大手の全国紙で，なぜ，と思えることがあった。署名入りのコラムで，「生涯教育」ということが取り上げられ，研究者・関係者の間では常識に属する，P.ラングランの議論がかいつまんで説明されていた。その際，特段専門でもない研究者の名前と所属大学の紀要が根拠として示されていた。どのようにして，その情報にたどり着いたのか定かではないので，ウェブサイトでの情報検索が重要な役割を演じていたわけではないと思いたいが，記事の執筆者がトータルな状況を把握していないのではないかということは想像に難くない。（『毎日新聞』2020年5月18日付夕刊）

10）　第二次世界大戦中の医学生が，報道統制された情報に囲まれたなかでも，自身で批判的に思考することによって真実に迫っていく様子が日記に残されており，それが1970年代初頭に出版された。この書籍をもとにした漫画が，2020年に青年向けコミック誌に連載され注目されたことは，何を語っているのだろうか。21世紀に入った現在の日本社会が，思考と判断の放棄という救いがたい状況にあるわけではないと理解していいのだろうか。山田風太郎『戦中派不戦日記』番町書房，1971，330p.

11）　このあたりについては，鈴木眞理「社会教育における学習者を考える視座」鈴木眞理・青山鉄兵・内山淳子編著『社会教育の学習論』〈講座 転形期の社会教育Ⅳ〉学文社，2019-6，p.165. を参照されたい。

12）　社会教育主事養成科目の変更・社会教育士なる「称号」に関する文部科学省に集められた有識者の議論で「生涯学習支援論」の設置が決められた過程で，ある若手大学教員の発案で，「ワークショップ」の実践者へのヒアリングが実施されたという。その実践者は役所が注目しているとわが意を得たようでもあったと関係者から聞いたが，文部科学省の直接の担当者は，生涯学習関係の施策の流れなどどれほど理解していたか心許ない状況ではなかったか。また，有識者は深い理解をしていたのかも不明である。このあたり，以下を参照されたい。鈴木眞理「社会教育の制度と社会教育行政の論理」鈴木眞理・稲葉隆・藤原文雄編著『社会教育の公共性論』前掲，p.178.

13）　このあたり，注5を参照されたい。

14）　那須野隆一『青年団論』日本青年団協議会，1976，p.40-41.

15）　倉内史郎「生涯学習社会の展望」倉内史郎・鈴木眞理編著『生涯学習の基礎』学文社，1998，p.9. なお，倉内は，それに続けて「生涯学習が社会にとってどのような意義をもつものかが考えられなくてはならない」としていることも記しておこう。

キーワード

支援　援助　学習　教育　教育的価値　教育的意図　社会教育行政　学習者

この章を深めるために

(1) ここで引用されている研究者について，いくつか文献を読んでみよう。

(2) この本以外の『生涯学習支援論』を手にとって，この本の特徴を考えてみよう。

巻末資料

平成十八年法律第百二十号

教育基本法（昭和二十二年法律第二十五号）の全部を改正する。

我々日本国民は，たゆまぬ努力によって築いてきた民主的で文化的な国家を更に発展させるとともに，世界の平和と人類の福祉の向上に貢献することを願うものである。

我々は，この理想を実現するため，個人の尊厳を重んじ，真理と正義を希求し，公共の精神を尊び，豊かな人間性と創造性を備えた人間の育成を期するとともに，伝統を継承し，新しい文化の創造を目指す教育を推進する。

ここに，我々は，日本国憲法の精神にのっとり，我が国の未来を切り拓ひらく教育の基本を確立し，その振興を図るため，この法律を制定する。

第一章　教育の目的及び理念

（教育の目的）

第一条　教育は，人格の完成を目指し，平和で民主的な国家及び社会の形成者として必要な資質を備えた心身ともに健康な国民の育成を期して行われなければならない。

（教育の目標）

第二条　教育は，その目的を実現するため，学問の自由を尊重しつつ，次に掲げる目標を達成するよう行われるものとする。

一　幅広い知識と教養を身に付け，真理を求める態度を養い，豊かな情操と道徳心を培うとともに，健やかな身体を養うこと。

二　個人の価値を尊重して，その能力を伸ばし，創造性を培い，自主及び自律の精神を養うとともに，職業及び生活との関連を重視し，勤労を重んずる態度を養うこと。

三　正義と責任，男女の平等，自他の敬愛と協力を重んずるとともに，公共の精神に基づき，主体的に社会の形成に参画し，その発展に寄与する態度を養うこと。

四　生命を尊び，自然を大切にし，環境の保全に寄与する態度を養うこと。

五　伝統と文化を尊重し，それらをはぐくんでき

た我が国と郷土を愛するとともに，他国を尊重し，国際社会の平和と発展に寄与する態度を養うこと。

（生涯学習の理念）

第三条　国民一人一人が，自己の人格を磨き，豊かな人生を送ることができるよう，その生涯にわたって，あらゆる機会に，あらゆる場所において学習することができ，その成果を適切に生かすことのできる社会の実現が図られなければならない。

（教育の機会均等）

第四条　すべて国民は，ひとしく，その能力に応じた教育を受ける機会を与えられなければならず，人種，信条，性別，社会的身分，経済的地位又は門地によって，教育上差別されない。

2　国及び地方公共団体は，障害のある者が，その障害の状態に応じ，十分な教育を受けられるよう，教育上必要な支援を講じなければならない。

3　国及び地方公共団体は，能力があるにもかかわらず，経済的理由によって修学が困難な者に対して，奨学の措置を講じなければならない。

第二章　教育の実施に関する基本

（義務教育）

第五条　国民は，その保護する子に，別に法律で定めるところにより，普通教育を受けさせる義務を負う。

2　義務教育として行われる普通教育は，各個人の有する能力を伸ばしつつ社会において自立的に生きる基礎を培い，また，国家及び社会の形成者として必要とされる基本的な資質を養うことを目的として行われるものとする。

3　国及び地方公共団体は，義務教育の機会を保障し，その水準を確保するため，適切な役割分担及び相互の協力の下，その実施に責任を負う。

4　国又は地方公共団体の設置する学校における義務教育については，授業料を徴収しない。

（学校教育）

第六条　法律に定める学校は，公の性質を有するものであって，国，地方公共団体及び法律に

定める法人のみが，これを設置することができる。

2　前項の学校においては，教育の目標が達成されるよう，教育を受ける者の心身の発達に応じて，体系的な教育が組織的に行われなければならない。この場合において，教育を受ける者が，学校生活を営む上で必要な規律を重んずるとともに，自ら進んで学習に取り組む意欲を高めることを重視して行われなければならない。

（大学）

第七条　大学は，学術の中心として，高い教養と専門的能力を培うとともに，深く真理を探究して新たな知見を創造し，これらの成果を広く社会に提供することにより，社会の発展に寄与するものとする。

2　大学については，自主性，自律性その他の大学における教育及び研究の特性が尊重されなければならない。

（私立学校）

第八条　私立学校の有する公の性質及び学校教育において果たす重要な役割にかんがみ，国及び地方公共団体は，その自主性を尊重しつつ，助成その他の適当な方法によって私立学校教育の振興に努めなければならない。

（教員）

第九条　法律に定める学校の教員は，自己の崇高な使命を深く自覚し，絶えず研究と修養に励み，その職責の遂行に努めなければならない。

2　前項の教員については，その使命と職責の重要性にかんがみ，その身分は尊重され，待遇の適正が期せられるとともに，養成と研修の充実が図られなければならない。

（家庭教育）

第十条　父母その他の保護者は，子の教育について第一義的責任を有するものであって，生活のために必要な習慣を身に付けさせるとともに，自立心を育成し，心身の調和のとれた発達を図るよう努めるものとする。

2　国及び地方公共団体は，家庭教育の自主性を尊重しつつ，保護者に対する学習の機会及び情報の提供その他の家庭教育を支援するために必要な施策を講ずるよう努めなければならない。

（幼児期の教育）

第十一条　幼児期の教育は，生涯にわたる人格形成の基礎を培う重要なものであることにかんがみ，国及び地方公共団体は，幼児の健やかな成長に資する良好な環境の整備その他適当な方法

によって，その振興に努めなければならない。

（社会教育）

第十二条　個人の要望や社会の要請にこたえ，社会において行われる教育は，国及び地方公共団体によって奨励されなければならない。

2　国及び地方公共団体は，図書館，博物館，公民館その他の社会教育施設の設置，学校の施設の利用，学習の機会及び情報の提供その他の適当な方法によって社会教育の振興に努めなければならない。

（学校，家庭及び地域住民等の相互の連携協力）

第十三条　学校，家庭及び地域住民その他の関係者は，教育におけるそれぞれの役割と責任を自覚するとともに，相互の連携及び協力に努めるものとする。

（政治教育）

第十四条　良識ある公民として必要な政治的教養は，教育上尊重されなければならない。

2　法律に定める学校は，特定の政党を支持し，又はこれに反対するための政治教育その他政治的活動をしてはならない。

（宗教教育）

第十五条　宗教に関する寛容の態度，宗教に関する一般的な教養及び宗教の社会生活における地位は，教育上尊重されなければならない。

2　国及び地方公共団体が設置する学校は，特定の宗教のための宗教教育その他宗教的活動をしてはならない。

第三章　教育行政

（教育行政）

第十六条　教育は，不当な支配に服することなく，この法律及び他の法律の定めるところにより行われるべきものであり，教育行政は，国と地方公共団体との適切な役割分担及び相互の協力の下，公正かつ適正に行われなければならない。

2　国は，全国的な教育の機会均等と教育水準の維持向上を図るため，教育に関する施策を総合的に策定し，実施しなければならない。

3　地方公共団体は，その地域における教育の振興を図るため，その実情に応じた教育に関する施策を策定し，実施しなければならない。

4　国及び地方公共団体は，教育が円滑かつ継続的に実施されるよう，必要な財政上の措置を講じなければならない。

（教育振興基本計画）

第十七条 政府は，教育の振興に関する施策の総合的かつ計画的な推進を図るため，教育の振興に関する施策についての基本的な方針及び講ずべき施策その他必要な事項について，基本的な計画を定め，これを国会に報告するとともに，公表しなければならない。

2 地方公共団体は，前項の計画を参酌し，その地域の実情に応じ，当該地方公共団体における教育の振興のための施策に関する基本的な計画を定めるよう努めなければならない。

第四章 法令の制定

第十八条 この法律に規定する諸条項を実施するため，必要な法令が制定されなければならない。

附 則［抄］

（施行期日）

1 この法律は，公布の日から施行する。

■社会教育法

昭和二十四年法律第二百七号
［最近改正］令和元年六月七日法律第二十六号

第一章 総則

（この法律の目的）

第一条 この法律は，教育基本法（平成十八年法律第百二十号）の精神に則り，社会教育に関する国及び地方公共団体の任務を明らかにすることを目的とする。

（社会教育の定義）

第二条 この法律において「社会教育」とは，学校教育法（昭和二十二年法律第二十六号）又は就学前の子どもに関する教育，保育等の総合的な提供の推進に関する法律（平成十八年法律第七十七号）に基づき，学校の教育課程として行われる教育活動を除き，主として青少年及び成人に対して行われる組織的な教育活動（体育及びレクリエーションの活動を含む。）をいう。

（国及び地方公共団体の任務）

第三条 国及び地方公共団体は，この法律及び他の法令の定めるところにより，社会教育の奨励に必要な施設の設置及び運営，集会の開催，資料の作製，頒布その他の方法により，すべての国民があらゆる機会，あらゆる場所を利用して，自ら実際生活に即する文化的教養を高め得るような環境を醸成するように努めなければ

らない。

2 国及び地方公共団体は，前項の任務を行うに当たつては，国民の学習に対する多様な需要を踏まえ，これに適切に対応するために必要な学習の機会の提供及びその奨励を行うことにより，生涯学習の振興に寄与することとなるよう努めるものとする。

3 国及び地方公共団体は，第一項の任務を行うに当たつては，社会教育が学校教育及び家庭教育との密接な関連性を有することにかんがみ，学校教育との連携の確保に努め，及び家庭教育の向上に資することとなるよう必要な配慮をするとともに，学校，家庭及び地域住民その他の関係者相互間の連携及び協力の促進に資することとなるよう努めるものとする。

（国の地方公共団体に対する援助）

第四条 前条第一項の任務を達成するために，国は，この法律及び他の法令の定めるところにより，地方公共団体に対し，予算の範囲内において，財政的援助並びに物資の提供及びそのあつせんを行う。

（市町村の教育委員会の事務）

第五条 市（特別区を含む。以下同じ。）町村の教育委員会は，社会教育に関し，当該地方の必要に応じ，予算の範囲内において，次の事務を行う。

一 社会教育に必要な援助を行うこと。

二 社会教育委員の委嘱に関すること。

三 公民館の設置及び管理に関すること。

四 所管に属する図書館，博物館，青年の家その他の社会教育施設の設置及び管理に関すること。

五 所管に属する学校の行う社会教育のための講座の開設及びその奨励に関すること。

六 講座の開設及び討論会，講習会，講演会，展示会その他の集会の開催並びにこれらの奨励に関すること。

七 家庭教育に関する学習の機会を提供するための講座の開設及び集会の開催並びに家庭教育に関する情報の提供並びにこれらの奨励に関すること。

八 職業教育及び産業に関する科学技術指導のための集会の開催並びにその奨励に関すること。

九 生活の科学化の指導のための集会の開催及びその奨励に関すること。

十 情報化の進展に対応して情報の収集及び利用を円滑かつ適正に行うために必要な知識又は技

能に関する学習の機会を提供するための講座の開設及び集会の開催並びにこれらの奨励に関すること。

十一　運動会，競技会その他体育指導のための集会の開催及びその奨励に関すること。

十二　音楽，演劇，美術その他芸術の発表会等の開催及びその奨励に関すること。

十三　主として学齢児童及び学齢生徒（それぞれ学校教育法第十八条に規定する学齢児童及び学齢生徒をいう。）に対し，学校の授業の終了後又は休業日において学校，社会教育施設その他適切な施設を利用して行う学習その他の活動の機会を提供する事業の実施並びにその奨励に関すること。

十四　青少年に対しボランティア活動など社会奉仕体験活動，自然体験活動その他の体験活動の機会を提供する事業の実施及びその奨励に関すること。

十五　社会教育における学習の機会を利用して行つた学習の成果を活用して学校，社会教育施設その他地域において行う教育活動その他の活動の機会を提供する事業の実施及びその奨励に関すること。

十六　社会教育に関する情報の収集，整理及び提供に関すること。

十七　視聴覚教育，体育及びレクリエーションに必要な設備，器材及び資料の提供に関すること。

十八　情報の交換及び調査研究に関すること。

十九　その他第三条第一項の任務を達成するために必要な事務

2　市町村の教育委員会は，前項第十三号から第十五号までに規定する活動であつて地域住民その他の関係者（以下この項及び第九条の七第二項において「地域住民等」という。）が学校と協働して行うもの（以下「地域学校協働活動」という。）の機会を提供する事業を実施するに当たつては，地域住民等の積極的な参加を得て当該地域学校協働活動が学校との適切な連携の下に円滑かつ効果的に実施されるよう，地域住民等と学校との連携協力体制の整備，地域学校協働活動に関する普及啓発その他の必要な措置を講ずるものとする。

3　地方教育行政の組織及び運営に関する法律（昭和三十一年法律第百六十二号）第二十三条第一項の条例の定めるところによりその長が同項第一号に掲げる事務（以下「特定事務」と

いう。）を管理し，及び執行することとされた地方公共団体（以下「特定地方公共団体」という。）である市町村にあつては，第一項の規定にかかわらず，同項第三号及び第四号の事務のうち特定事務に関するものは，その長が行うものとする。

（都道府県の教育委員会の事務）

第六条　都道府県の教育委員会は，社会教育に関し，当該地方の必要に応じ，予算の範囲内において，前条第一項各号の事務（同項第三号の事務を除く。）を行うほか，次の事務を行う。

一　公民館及び図書館の設置及び管理に関し，必要な指導及び調査を行うこと。

二　社会教育を行う者の研修に必要な施設の設置及び運営，講習会の開催，資料の配布等に関すること。

三　社会教育施設の設置及び運営に必要な物資の提供及びそのあつせんに関すること。

四　市町村の教育委員会との連絡に関すること。

五　その他法令によりその職務権限に属する事項

2　前条第二項の規定は，都道府県の教育委員会が地域学校協働活動の機会を提供する事業を実施する場合に準用する。

3　特定地方公共団体である都道府県にあつては，第一項の規定にかかわらず，前条第一項第四号の事務のうち特定事務に関するものは，その長が行うものとする。

（教育委員会と地方公共団体の長との関係）

第七条　地方公共団体の長は，その所掌に関する必要な広報宣伝で視聴覚教育の手段を利用することその他教育の施設及び手段によることを適当とするものにつき，教育委員会に対し，その実施を依頼し，又は実施の協力を求めることができる。

2　前項の規定は，他の行政庁がその所掌に関する必要な広報宣伝につき，教育委員会（特定地方公共団体にあつては，その長又は教育委員会）に対し，その実施を依頼し，又は実施の協力を求める場合に準用する。

第八条　教育委員会は，社会教育に関する事務を行うために必要があるときは，当該地方公共団体の長及び関係行政庁に対し，必要な資料の提供その他の協力を求めることができる。

第八条の二　特定地方公共団体の長は，特定事務のうち当該特定地方公共団体の教育委員会の所管に属する学校，社会教育施設その他の施設における教育活動と密接な関連を有するものとし

て当該特定地方公共団体の規則で定めるものを管理し、及び執行するに当たつては、当該教育委員会の意見を聴かなければならない。

2　特定地方公共団体の長は、前項の規則を制定し、又は改廃しようとするときは、あらかじめ、当該特定地方公共団体の教育委員会の意見を聴かなければならない。

第八条の三　特定地方公共団体の教育委員会は、特定事務の管理及び執行について、その職務に関して必要と認めるときは、当該特定地方公共団体の長に対し、意見を述べることができる。

（図書館及び博物館）

第九条　図書館及び博物館は、社会教育のための機関とする。

2　図書館及び博物館に関し必要な事項は、別に法律をもつて定める。

第二章　社会教育主事等

（社会教育主事及び社会教育主事補の設置）

第九条の二　都道府県及び市町村の教育委員会の事務局に、社会教育主事を置く。

2　都道府県及び市町村の教育委員会の事務局に、社会教育主事補を置くことができる。

（社会教育主事及び社会教育主事補の職務）

第九条の三　社会教育主事は、社会教育を行う者に専門的技術的な助言と指導を与える。ただし、命令及び監督をしてはならない。

2　社会教育主事は、学校が社会教育関係団体、地域住民その他の関係者の協力を得て教育活動を行う場合には、その求めに応じて、必要な助言を行うことができる。

3　社会教育主事補は、社会教育主事の職務を助ける。

（社会教育主事の資格）

第九条の四　次の各号のいずれかに該当する者は、社会教育主事となる資格を有する。

一　大学に二年以上在学して六十二単位以上を修得し、又は高等専門学校を卒業し、かつ、次に掲げる期間を通算した期間が三年以上になる者で、次条の規定による社会教育主事の講習を修了したもの

イ　社会教育主事補の職にあつた期間

ロ　官公署、学校、社会教育施設又は社会教育関係団体における職で司書、学芸員その他の社会教育主事補の職と同等以上の職として文部科学大臣の指定するものにあつた期間

ハ　官公署、学校、社会教育施設又は社会教育関係団体が実施する社会教育に関係のある事業における業務であつて、社会教育主事として必要な知識又は技能の習得に資するものとして文部科学大臣が指定するものに従事した期間（イ又はロに掲げる期間に該当する期間を除く。）

二　教育職員の普通免許状を有し、かつ、五年以上文部科学大臣の指定する教育に関する職にあつた者で、次条の規定による社会教育主事の講習を修了したもの

三　大学に二年以上在学して、六十二単位以上を修得し、かつ、大学において文部科学省令で定める社会教育に関する科目の単位を修得した者で、第一号イからハまでに掲げる期間を通算した期間が一年以上になるもの

四　次条の規定による社会教育主事の講習を修了した者（第一号及び第二号に掲げる者を除く。）で、社会教育に関する専門的事項について前三号に掲げる者に相当する教養と経験があると都道府県の教育委員会が認定したもの

（社会教育主事の講習）

第九条の五　社会教育主事の講習は、文部科学大臣の委嘱を受けた大学その他の教育機関が行う。

2　受講資格その他社会教育主事の講習に関し必要な事項は、文部科学省令で定める。

（社会教育主事及び社会教育主事補の研修）

第九条の六　社会教育主事及び社会教育主事補の研修は、任命権者が行うもののほか、文部科学大臣及び都道府県が行う。

（地域学校協働活動推進員）

第九条の七　教育委員会は、地域学校協働活動の円滑かつ効果的な実施を図るため、社会的信望があり、かつ、地域学校協働活動の推進に熱意と識見を有する者のうちから、地域学校協働活動推進員を委嘱することができる。

2　地域学校協働活動推進員は、地域学校協働活動に関する事項につき、教育委員会の施策に協力して、地域住民等と学校との間の情報の共有を図るとともに、地域学校協働活動を行う地域住民等に対する助言その他の援助を行う。

第三章　社会教育関係団体

（社会教育関係団体の定義）

第十条　この法律で「社会教育関係団体」とは、法人であると否とを問わず、公の支配に属しない団体で社会教育に関する事業を行うことを主たる目的とするものをいう。

（文部科学大臣及び教育委員会との関係）

第十一条　文部科学大臣及び教育委員会は，社会教育関係団体の求めに応じ，これに対し，専門的技術的指導又は助言を与えることができる。

2　文部科学大臣及び教育委員会は，社会教育関係団体の求めに応じ，これに対し，社会教育に関する事業に必要な物資の確保につき援助を行う。

（国及び地方公共団体との関係）

第十二条　国及び地方公共団体は，社会教育関係団体に対し，いかなる方法によつても，不当に統制的支配を及ぼし，又はその事業に干渉を加えてはならない。

（審議会等への諮問）

第十三条　国又は地方公共団体が社会教育関係団体に対し補助金を交付しようとする場合には，あらかじめ，国にあつては文部科学大臣が審議会等（国家行政組織法（昭和二十三年法律第百二十号）第八条に規定する機関をいう。第五十一条第三項において同じ。）で政令で定めるものの，地方公共団体にあつては教育委員会が社会教育委員の会議（社会教育委員が置かれていない場合には，条例で定めるところにより社会教育に係る補助金の交付に関する事項を調査審議する審議会その他の合議制の機関）の意見を聴いて行わなければならない。

（報告）

第十四条　文部科学大臣及び教育委員会は，社会教育関係団体に対し，指導資料の作製及び調査研究のために必要な報告を求めることができる。

第四章　社会教育委員

（社会教育委員の設置）

第十五条　都道府県及び市町村に社会教育委員を置くことができる。

2　社会教育委員は，教育委員会が委嘱する。

第十六条　削除

（社会教育委員の職務）

第十七条　社会教育委員は，社会教育に関し教育委員会に助言するため，次の職務を行う。

一　社会教育に関する諸計画を立案すること。

二　定時又は臨時に会議を開き，教育委員会の諮問に応じ，これに対して，意見を述べること。

三　前二号の職務を行うために必要な研究調査を行うこと。

2　社会教育委員は，教育委員会の会議に出席し

て社会教育に関し意見を述べることができる。

3　市町村の社会教育委員は，当該市町村の教育委員会から委嘱を受けた青少年教育に関する特定の事項について，社会教育関係団体，社会教育指導者その他関係者に対し，助言と指導を与えることができる。

（社会教育委員の委嘱の基準等）

第十八条　社会教育委員の委嘱の基準，定数及び任期その他社会教育委員に関し必要な事項は，当該地方公共団体の条例で定める。この場合において，社会教育委員の委嘱の基準については，文部科学省令で定める基準を参酌するものとする。

第十九条　削除

第五章　公民館

（目的）

第二十条　公民館は，市町村その他一定区域内の住民のために，実際生活に即する教育，学術及び文化に関する各種の事業を行い，もつて住民の教養の向上，健康の増進，情操の純化を図り，生活文化の振興，社会福祉の増進に寄与することを目的とする。

（公民館の設置者）

第二十一条　公民館は，市町村が設置する。

2　前項の場合を除くほか，公民館は，公民館の設置を目的とする一般社団法人又は一般財団法人（以下この章において「法人」という。）でなければ設置することができない。

3　公民館の事業の運営上必要があるときは，公民館に分館を設けることができる。

（公民館の事業）

第二十二条　公民館は，第二十条の目的達成のために，おおむね，左の事業を行う。但し，この法律及び他の法令によつて禁じられたものは，この限りでない。

一　定期講座を開設すること。

二　討論会，講習会，講演会，実習会，展示会等を開催すること。

三　図書，記録，模型，資料等を備え，その利用を図ること。

四　体育，レクリエーション等に関する集会を開催すること。

五　各種の団体，機関等の連絡を図ること。

六　その施設を住民の集会その他の公共的利用に供すること。

（公民館の運営方針）

第二十三条　公民館は，次の行為を行つてはならない。
一　もつぱら営利を目的として事業を行い，特定の営利事務に公民館の名称を利用させその他営利事業を援助すること。
二　特定の政党の利害に関する事業を行い，又は公私の選挙に関し，特定の候補者を支持すること。
2　市町村の設置する公民館は，特定の宗教を支持し，又は特定の教派，宗派若しくは教団を支援してはならない。
（公民館の基準）
第二十三条の二　文部科学大臣は，公民館の健全な発達を図るために，公民館の設置及び運営上必要な基準を定めるものとする。
2　文部科学大臣及び都道府県の教育委員会は，市町村の設置する公民館が前項の基準に従つて設置され及び運営されるように，当該市町村に対し，指導，助言その他の援助に努めるものとする。
（公民館の設置）
第二十四条　市町村が公民館を設置しようとするときは，条例で，公民館の設置及び管理に関する事項を定めなければならない。
第二十五条　削除
第二十六条　削除
（公民館の職員）
第二十七条　公民館に館長を置き，主事その他必要な職員を置くことができる。
2　館長は，公民館の行う各種の事業の企画実施その他必要な事務を行い，所属職員を監督する。
3　主事は，館長の命を受け，公民館の事業の実施にあたる。
第二十八条　市町村の設置する公民館の館長，主事その他必要な職員は，当該市町村の教育委員会（特定地方公共団体である市町村の長がその設置，管理及び廃止に関する事務を管理し，及び執行することとされた公民館（第三十条第一項及び第四十条第一項において「特定公民館」という。）の館長，主事その他必要な職員にあつては，当該市町村の長）が任命する。
（公民館の職員の研修）
第二十八条の二　第九条の六の規定は，公民館の職員の研修について準用する。
（公民館運営審議会）
第二十九条　公民館に公民館運営審議会を置くことができる。
2　公民館運営審議会は，館長の諮問に応じ，公民館における各種の事業の企画実施につき調査審議するものとする。
第三十条　市町村の設置する公民館にあつては，公民館運営審議会の委員は，当該市町村の教育委員会（特定公民館に置く公民館運営審議会の委員にあつては，当該市町村の長）が委嘱する。
2　前項の公民館運営審議会の委員の委嘱の基準，定数及び任期その他当該公民館運営審議会に関し必要な事項は，当該市町村の条例で定める。この場合において，委員の委嘱の基準については，文部科学省令で定める基準を参酌するものとする。
第三十一条　法人の設置する公民館に公民館運営審議会を置く場合にあつては，その委員は，当該法人の役員をもつて充てるものとする。
（運営の状況に関する評価等）
第三十二条　公民館は，当該公民館の運営の状況について評価を行うとともに，その結果に基づき公民館の運営の改善を図るため必要な措置を講ずるよう努めなければならない。
（運営の状況に関する情報の提供）
第三十二条の二　公民館は，当該公民館の事業に関する地域住民その他の関係者の理解を深めるとともに，これらの者との連携及び協力の推進に資するため，当該公民館の運営の状況に関する情報を積極的に提供するよう努めなければならない。
（基金）
第三十三条　公民館を設置する市町村にあつては，公民館の維持運営のために，地方自治法（昭和二十二年法律第六十七号）第二百四十一条の基金を設けることができる。
（特別会計）
第三十四条　公民館を設置する市町村にあつては，公民館の維持運営のために，特別会計を設けることができる。
（公民館の補助）
第三十五条　国は，公民館を設置する市町村に対し，予算の範囲内において，公民館の施設，設備に要する経費その他必要な経費の一部を補助することができる。
2　前項の補助金の交付に関し必要な事項は，政令で定める。
第三十六条　削除
第三十七条　都道府県が地方自治法第二百三十二

条の二の規定により，公民館の運営に要する経費を補助する場合において，文部科学大臣は，政令の定めるところにより，その補助金の額，補助の比率，補助の方法その他必要な事項につき報告を求めることができる。

第三十八条　国庫の補助を受けた市町村は，左に掲げる場合においては，その受けた補助金を国庫に返還しなければならない。

一　公民館がこの法律若しくはこの法律に基く命令又はこれらに基いてした処分に違反したとき。

二　公民館がその事業の全部若しくは一部を廃止し，又は第二十条に掲げる目的以外の用途に利用されるようになつたとき。

三　補助金交付の条件に違反したとき。

四　虚偽の方法で補助金の交付を受けたとき。

（法人の設置する公民館の指導）

第三十九条　文部科学大臣及び都道府県の教育委員会は，法人の設置する公民館の運営その他に関し，その求めに応じて，必要な指導及び助言を与えることができる。

（公民館の事業又は行為の停止）

第四十条　公民館が第二十三条の規定に違反する行為を行つたときは，市町村の設置する公民館にあつては当該市町村の教育委員会（特定公民館にあつては，当該市町村の長），法人の設置する公民館にあつては都道府県の教育委員会は，その事業又は行為の停止を命ずることができる。

2　前項の規定による法人の設置する公民館の事業又は行為の停止命令に関し必要な事項は，都道府県の条例で定めることができる。

（罰則）

第四十一条　前条第一項の規定による公民館の事業又は行為の停止命令に違反する行為をした者は，一年以下の懲役若しくは禁錮又は三万円以下の罰金に処する。

（公民館類似施設）

第四十二条　公民館に類似する施設は，何人もこれを設置することができる。

2　前項の施設の運営その他に関しては，第三十九条の規定を準用する。

第六章　学校施設の利用

（適用範囲）

第四十三条　社会教育のためにする国立学校（学校教育法第一条に規定する学校（以下この条において「第一条学校」という。）及び就学前の子どもに関する教育，保育等の総合的な提供の推進に関する法律第二条第七項に規定する幼保連携型認定こども園（以下「幼保連携型認定こども園」という。）であつて国（国立大学法人法（平成十五年法律第百十二号）第二条第一項に規定する国立大学法人（次条第二項において「国立大学法人」という。）及び独立行政法人国立高等専門学校機構を含む。）が設置するものをいう。以下同じ。）又は公立学校（第一条学校及び幼保連携型認定こども園であつて地方公共団体（地方独立行政法人法（平成十五年法律第百十八号）第六十八条第一項に規定する公立大学法人（次条第二項及び第四十八条第一項において「公立大学法人」という。）を含む。）が設置するものをいう。以下同じ。）の施設の利用に関しては，この章の定めるところによる。

（学校施設の利用）

第四十四条　学校（国立学校又は公立学校をいう。以下この章において同じ。）の管理機関は，学校教育上支障がないと認める限り，その管理する学校の施設を社会教育のために利用に供するように努めなければならない。

2　前項において「学校の管理機関」とは，国立学校にあつては設置者である国立大学法人の学長若しくは理事長又は独立行政法人国立高等専門学校機構の理事長，公立学校のうち，大学及び幼保連携型認定こども園にあつては設置者である地方公共団体の長又は公立大学法人の理事長，大学及び幼保連携型認定こども園以外の公立学校にあつては設置者である地方公共団体に設置されている教育委員会又は公立大学法人の理事長をいう。

（学校施設利用の許可）

第四十五条　社会教育のために学校の施設を利用しようとする者は，当該学校の管理機関の許可を受けなければならない。

2　前項の規定により，学校の管理機関が学校施設の利用を許可しようとするときは，あらかじめ，学校の長の意見を聞かなければならない。

第四十六条　国又は地方公共団体が社会教育のために，学校の施設を利用しようとするときは，前条の規定にかかわらず，当該学校の管理機関と協議するものとする。

第四十七条　第四十五条の規定による学校施設の利用が一時的である場合には，学校の管理機関は，同条第一項の許可に関する権限を学校の長

に委任することができる。

2　前項の権限の委任その他学校施設の利用に関し必要な事項は，学校の管理機関が定める。

（社会教育の講座）

第四十八条　文部科学大臣は国立学校に対し，地方公共団体の長は当該地方公共団体が設置する大学若しくは幼保連携型認定こども園又は当該地方公共団体が設立する公立大学法人が設置する公立学校に対し，地方公共団体に設置されている教育委員会は当該地方公共団体が設置する大学及び幼保連携型認定こども園以外の公立学校に対し，その教育組織及び学校の施設の状況に応じ，文化講座，専門講座，夏期講座，社会学級講座等学校施設の利用による社会教育のための講座の開設を求めることができる。

2　文化講座は，成人の一般的教養に関し，専門講座は，成人の専門的学術知識に関し，夏期講座は，夏期休暇中，成人の一般的教養又は専門的学術知識に関し，それぞれ大学，高等専門学校又は高等学校において開設する。

3　社会学級講座は，成人の一般的教養に関し，小学校，中学校又は義務教育学校において開設する。

4　第一項の規定する講座を担当する講師の報酬その他必要な経費は，予算の範囲内において，国又は地方公共団体が負担する。

第七章　通信教育

（適用範囲）

第四十九条　学校教育法第五十四条，第七十条第一項，第八十二条及び第八十四条の規定により行うものを除き，通信による教育に関しては，この章の定めるところによる。

（通信教育の定義）

第五十条　この法律において「通信教育」とは，通信の方法により一定の教育計画の下に，教材，補助教材等を受講者に送付し，これに基き，設問解答，添削指導，質疑応答等を行う教育をいう。

2　通信教育を行う者は，その計画実現のために，必要な指導者を置かなければならない。

（通信教育の認定）

第五十一条　文部科学大臣は，学校又は一般社団法人若しくは一般財団法人の行う通信教育で社会教育上奨励すべきものについて，通信教育の認定（以下「認定」という。）を与えることができる。

2　認定を受けようとする者は，文部科学大臣の定めるところにより，文部科学大臣に申請しなければならない。

3　文部科学大臣が，第一項の規定により，認定を与えようとするときは，あらかじめ，第十三条の政令で定める審議会等に諮問しなければならない。

（認定手数料）

第五十二条　文部科学大臣は，認定を申請する者から実費の範囲内において文部科学省令で定める額の手数料を徴収することができる。ただし，国立学校又は公立学校が行う通信教育に関しては，この限りでない。

第五十三条　削除

（郵便料金の特別取扱）

第五十四条　認定を受けた通信教育に要する郵便料金については，郵便法（昭和二十二年法律第百六十五号）の定めるところにより，特別の取扱を受けるものとする。

（通信教育の廃止）

第五十五条　認定を受けた通信教育を廃止しようとするとき，又はその条件を変更しようとするときは，文部科学大臣の定めるところにより，その許可を受けなければならない。

2　前項の許可に関しては，第五十一条第三項の規定を準用する。

（報告及び措置）

第五十六条　文部科学大臣は，認定を受けた者に対し，必要な報告を求め，又は必要な措置を命ずることができる。

（認定の取消）

第五十七条　認定を受けた者がこの法律若しくはこの法律に基く命令又はこれらに基いてした処分に違反したときは，文部科学大臣は，認定を取り消すことができる。

2　前項の認定の取消に関しては，第五十一条第三項の規定を準用する。

附　則［抄］

1　この法律は，公布の日から施行する。

索　引

生涯学習支援の基礎

2022年2月20日　第1版第1刷発行

編著　小池　茂子
　　　本庄　陽子
　　　大木　真徳

発行者　田中　千津子

〒153-0064　東京都目黒区下目黒3-6-1
電話　03（3715）1501 ㈹
FAX　03（3715）2012
https://www.gakubunsha.com

発行所　株式会社 学文社

印刷／新灯印刷

ISBN978-4-7620-3084-0